女孩指南

動感青春期50課

瑪拉娃·易卜拉欣 著　　　辛南·俄卡斯 圖　　　鍾煜 譯

GIRL GUIDE

山邊出版社有限公司

動感青春期
50 課

閱讀方法：
順序讀、倒轉讀、
跳頁讀、需要時讀，
隨心所欲！

嗨，我是
瑪拉娃！

這是十歲的我。

這是成年後的我。

你好！也許此刻你正窩在舒適的梳化中，手捧一杯熱朱古力，或者正乘着巴士回家⋯⋯不論你在什麼地方翻開這一頁，我都希望你會喜歡這本書！從十歲開始，我便一直夢想要出版這本書，因為當年的我，正面對着青春期帶來的身體變化，而我的腦袋中問題太多、答案太少。二十年後，我想通了部分問題，才把自己的想法整合起來，跟你分享。這是一本輕鬆的書，我連自己那些尷尬的事件都寫進去了！

我的青少年期在澳洲的墨爾本度過。自小媽媽便鼓勵我多做運動，而我也醉心於此，後來終於在大學取得雜技藝術學位！畢業後，我在世界各地巡迴表演，現在，我成立了呼啦圈表演團「The Majorettes」，跟一羣志同道合的女孩一起工作。

別誤會，我並沒有從此一帆風順，現在我仍然會為月事苦惱，偶爾還是會遇上沖不掉的大便。有時候，一些令人難以啟齒的尷尬事件，會令你認為自己是女性史上唯一碰上這些事的人，但事實上，每個女孩都有過類似的經歷。儘管如

此，我仍然全心相信「女孩」這身分是最好的！我們的身體十分奇妙，我們能做大事，我們正處於女性的黃金時代——要是你做一點資料搜集，便會知道女性在歷史上曾有過十分艱苦的日子……不過，我們已來到二十一世紀，一個突破框框的年代。你可以按照自己的意願來生活：你可以登陸月球，可以辦一家環保牙刷公司，可以決定自己要生多少個孩子！

或許我們仍會受到荷爾蒙的困擾，但是你終會找到應對方法來面對它，令生活快樂如昔。知識就是力量。了解身體是如何運作，才能發揮它的潛能。

女孩們，加油！

瑪拉娃

全世界都看着我

當你看起來像一位少女時，大家便可能開始把你當作「女人」來看待。男孩或男人看你的眼光會和從前有些不同，這種改變有時會令你感覺良好，有時卻惹人討厭（請參看第186頁）。與此同時，所有人——包括你的媽媽、朋友，和商店裏的售貨員小姐，開始以不一樣的語氣跟你說話，使你覺得渾身不自在，尤其是當她們談論你的身體時——那個你正在努力適應、急速變化的身體，你會非常介意別人說你的乳房開始發育，或者說你長胖了。

記得有一次，一位朋友和她媽媽一起來我家，她媽媽當着所有人的面大聲跟我說：「天啊，你怎麼胖了這麼多！」，還說我「看起來圓滾滾的」。我的朋友當下比我更尷尬，我也覺得很惱人，我的身體要長成這樣，我也控制不了！

原本合身的衣服突然變緊、變短了，真是令人無所適從。有時候我期望自己快高長大，覺得這樣很好玩，有時候卻希望自己永遠不會改變。

身上的「兒童」標籤逐漸消失，那感覺有點怪怪的。我有弟弟妹妹，但我寧願跟大人待在一起，也不願意跟「孩子」一起玩。漸漸地，當大人提起孩子們時（如「孩子們在外面」、「孩子們在看電視」），會將我排除在外。他們突然徵詢我的意見，想知道我對不同事物的看法。從某方面來說，這種「長大了」的感覺很好，然而，我也會常常感到困惑，不知道如何恰當地表達自己的意見，顯得手足無措。即使我希望自己可以機智、正確地回應每道問題，但在大部分的實際情況

下，我都因為別人的目光，
或者參與對話時發現自己根
本聽不懂，而感到忐忑不安。

當你遇上類似的情況，你也
可能跟我一樣，覺得非常沮喪、煩躁
不安。有時候，你不想別人把你當孩子看，但是
當大家把你當成年人看待時，你又覺得他們對你
期望太高。我的建議是：別急於加入成年人的行
列，你可以按自己的節奏慢慢來，能
夠在成人的領地與孩子的國度之間
徘徊一陣子也不錯啊！☺

胸與胸圍

乳房很棒！只要你習慣了它們的存在……

有些人的乳房是逐漸發育長大的，也有些人的乳房彷彿是在一夜之間變大的。無論你的乳房是大還是小，它們都將陪伴你一生。所以，接納並好好愛護它們吧！

我有一個朋友，她在乳房發育時感到又熱又癢，非常不舒服。她害怕別人會碰到自己的胸部，所以總是雙手交叉抱在胸前。

我的乳房就像氣球一樣，一分鐘前還是扁扁平平的，一分鐘後就像吹氣般脹起來了！（至少我的感覺是這樣）。我喜歡我的乳房，可是它們會妨礙我跑跑跳跳，我討厭這種感覺！我多麼希望可以自由躍起，再輕鬆落地，而不會感覺到胸部的額外重量把我往下拉。

媽媽買給我的運動胸圍是我見過最難看的胸圍。但是它令我能夠隨心所欲地奔跑，所以我還是穿上了它。

我的第一件
醜陋運動胸圍

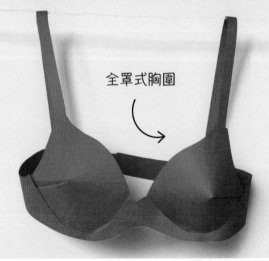

　　不過，我在它外面再穿了一件較好看、但承托力較差的運動胸圍，然後默默期望沒人會留意到底下那老土的肩帶，以及核彈頭一般的罩杯。

全罩式胸圍

現在，我會在不同的場合穿不同的胸圍。不過，為了你那發育中的乳房着想，選擇沒有鋼線、也沒有太多裝飾的胸圍，才是最好、最舒服的選擇。

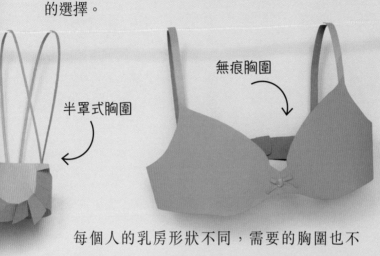

半罩式胸圍

無痕胸圍

每個人的乳房形狀不同，需要的胸圍也不同，即使是同一尺碼但不同款式的胸圍，也不一定全都適合你，因此購買前必須試穿。

無肩帶胸圍

運動胸圍

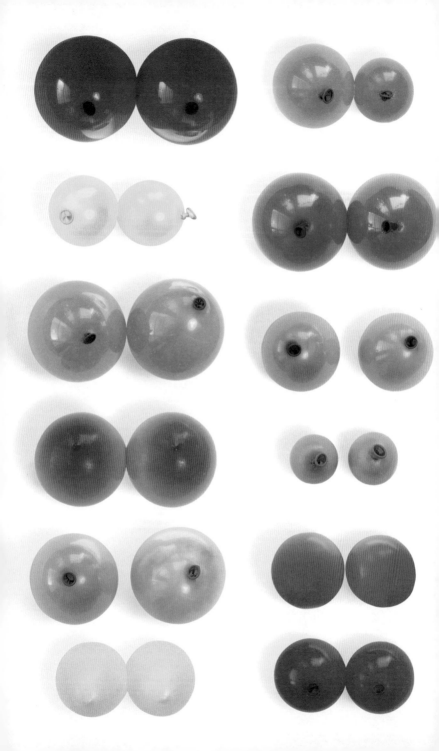

我有一位中學同學，她的胸圍肩帶時常滑下來，而她完全沒有意識到可以把肩帶調得緊一些。不過，最重要的還是找一個合身的胸圍。內衣店的店員一天不知要接觸多少人的乳房，不論你的身材如何，她們都是司空見慣，所以放膽請她們協助你試身，並給予專業意見吧！

　　胸圍的尺碼不能隨意猜測，否則你只會感到各種不適：肩帶太緊、扣子刮到皮膚、蕾絲花邊刺得你痕癢不止……我的乳房尺寸每年都會改變，需要定期去試身並更換胸圍，發育中的女孩更是如此。另外，下面這些情況都是完全正常的：

兩邊乳房大小不一。

乳房上有伸展紋。

乳頭很大，而且十分突出。

乳頭很小，只有寒冷的時候才會凸出來。

乳房皮膚透出藍色的血管。

乳房上有毛髮、斑點或者痣。

兩個乳頭指向不同的方向。

這個……還有其他古怪的狀況，如果你有任何疑惑，請向醫生查詢。

暗瘡戰爭

荷爾蒙的改變會令你⋯⋯長暗瘡！我在青春期的時候還好，幾乎沒怎麼長暗瘡，但是最近，我的皮膚開始暗瘡大爆發！暗瘡可能長在你的臉上、胸口、後背，甚至屁股上。千萬別碰它們！否則只會令情況更差。最好的做法是讓長暗瘡的地方保持清爽不油膩。你可以嘗試用溫和的洗面乳（不要用肥皂）洗掉油脂、汗水和污垢。晚上，我會在暗瘡上塗一點礦物泥面膜，使暗瘡乾瘡，白天再塗一點金縷梅軟膏（有抗菌作用），市面上不少治療暗瘡的產品都含金縷梅（witch hazel），購買時可閱讀成分表。如果你的暗瘡很痛，長時間不消退，或者傷口難以癒合，那就不要強忍，向醫生求助吧！放心，這些皮膚問題絕對是可以治癒的。

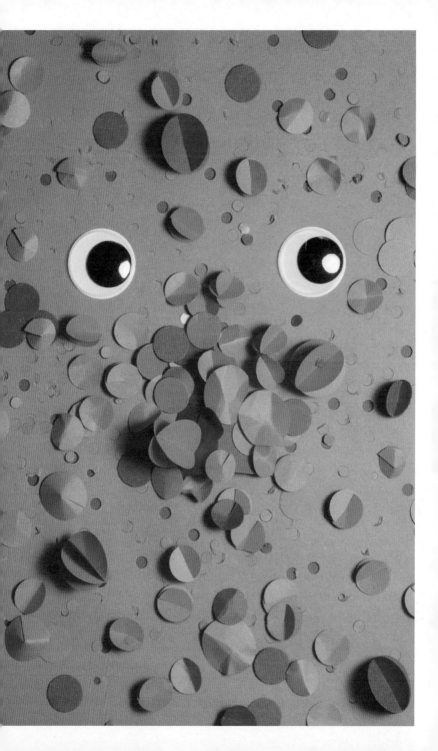

別慌！也許你會感到失落，但是不要因暗瘡而垂頭喪氣。深呼吸，暗瘡不會永遠存在。

很痛！你可以用冰塊或冷毛巾敷長了暗瘡的地方。如果暗瘡破了，塗一點抗菌的藥膏，以防感染。

洗臉！如果你長了暗瘡，記得每天清潔皮膚兩次。記着，千萬不要使用會刺激皮膚的肥皂。

喝水！多喝水對身體有益。水能幫助身體排毒，也對皮膚有很多好處。再喝一杯吧！

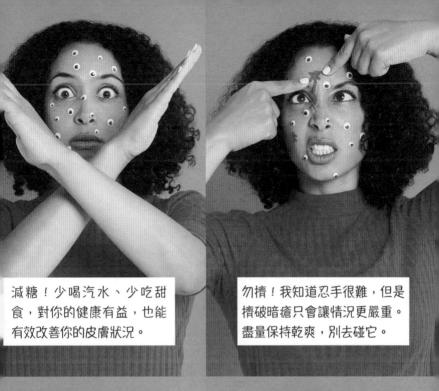

減糖！少喝汽水、少吃甜食，對你的健康有益，也能有效改善你的皮膚狀況。

勿擠！我知道忍手很難，但是擠破暗瘡只會讓情況更嚴重。盡量保持乾爽，別去碰它。

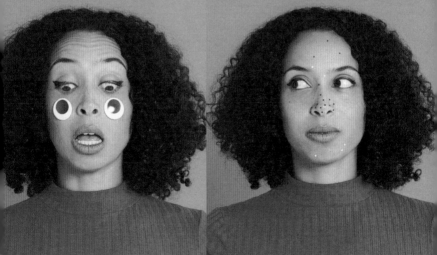

退後！暗瘡沒你想的那麼大，照鏡時退後一步吧！別人根本不會近距離盯着你。

預防！黑頭源於毛孔被污垢堵住，好好清潔皮膚，就是預防黑頭的最好辦法。

4

我是鋼牙妹

　　我曾經箍牙。即使你沒有箍牙，也至少認識一兩個箍牙的人。記得那時的我一點也不想箍牙，因為我以為，當我與人接吻時，我們會雙雙被牙套卡住，再被送到醫院，繼而在醫院被人拍下照片，然後登上報紙，標題是「史上最蠢的青少年」。不過，當時的我根本從來未試過接吻這回事。

　　箍牙一點也不舒服，把牙齒重新整理排列，絕不是什麼小工程。然而，如果你可以箍牙，請好好珍惜這機會，因為一排整齊的牙齒不是人人都能擁有，而這些牙齒將陪伴你一生。箍牙的時候，我覺得自己永遠都會是鋼牙妹，但今天回看，那不過是人生中的一個片段而已。現在，每次吃蘋果的時候，我都會很開心，因為我已不用為了剔牙而煩惱。

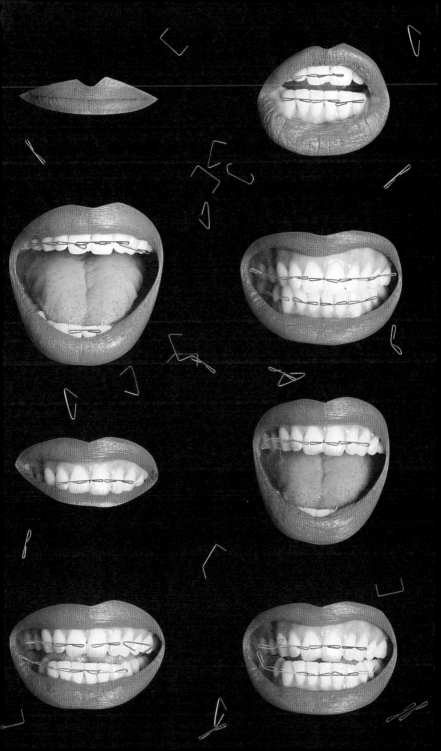

5

「香」汗淋漓

　　請用螢光筆標記這句話：無論男女老幼，人人都會出汗，誰都無法避免。

　　天氣炎熱、情緒激動，或做運動時，身體會以排汗來調節體溫，可是，汗水會產生一些我們想方設法要掩蓋的氣味。我曾經問媽媽可不可以給我止汗劑，因為我覺得自己滿身汗味，不想讓火車上所有人都發現我「香」汗淋漓。當時的我不知道，新鮮汗水所帶來的體味即使濃烈也不會令人反感，只有當汗水跟皮膚或衣服上的細菌混合時，才會產生那種令人反胃的氣味。那時候我只奢望自己像一瓶行走的空氣清新劑，不管走到哪裏都散發着玫瑰一樣的芳香，所以，我用了止汗劑，這都怪我當初對止汗劑不甚了解……

幾乎所有止汗劑都含鋁（aluminium），你可以在產品成分表上找到它。鋁的作用是阻止皮膚排出汗液。

含鋁止汗劑

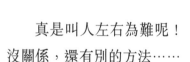

優點

缺點

阻止流汗，讓你的腋下保持乾爽，並掩蓋你不喜歡的汗味。

出汗是身體用來降低體溫的天然機制，醫生建議使用含鋁止汗劑的時候，不應塗抹全身，以免影響身體散熱。你可以選擇不含鋁的天然止汗劑，但是止汗和掩蓋汗味的效果就沒那麼明顯了。

　　真是叫人左右為難呢！沒關係，還有別的方法……

正如之前所說，新鮮的汗水其實沒那麼難聞，有時候我還有點喜歡那味道呢！要是你想保持清爽，以下是我的小訣竅：

洗澡

對！就是這麼簡單。但重點是，你要每天洗澡，而且一定要用肥皂或沐浴液仔細清洗身體，別忘了清潔腋窩、頸後和耳背啊！

天然止汗劑

出汗前，你要先在乾淨的皮膚上塗抹止汗劑，之後可以視乎情況再補抹一些。我通常會在做運動或大量流汗時補抹，你可以自行決定。有人喜歡自己的汗味，不妨先試着深呼吸一下。

衣服

　衣物的質料能影響排汗。天然纖維例如棉、羊毛，能讓你的皮膚自由呼吸；而有些人工合成的質料卻不能，比如聚酯纖維 (polyester fiber) 和睛綸 (acrylic fiber)，它們就像塑膠袋一樣，讓熱力無法散發。買衣服時，別忘了閱讀標籤上的說明啊！

6

面對孤獨

　　有時候，孤獨的感覺會來得非常真實。我經歷過的「孤獨」有兩種：一種是當所有人都出席一個聚會而爸爸不讓我去的時候。這類事情在我的中學生涯中反覆發生。當時我氣得要命，覺得整個世界都拋棄了我，沒人知道也沒人在乎我的存在。獨自留在家中無所事事的感覺……真是糟透了。

　　另一種「孤獨」是毫無先兆的：忽然之間，我對任何事情都提不起勁——世界是那麼大，大得讓我迷失於漫無邊際的宇宙之中。我理智上知道自己有朋友，也有人愛我，但在那一刻，我就是覺得孤獨，好像沒有人了解我，沒有人明白我的感受，也沒有人真的在乎我一樣。通常，我會想辦法擺脫這種情緒，例如說服自己理智一點、打電話給朋友，或者寫日記。有時候，只要把心

中思緒抒發出來，一切就都會恢復正常了。

中學時期的我十分敏感，連跟人打招呼，都會讓我不知所措。到底應該說「你好！」還是「喂！」抑或「怎麼了？」；應該跟對方擁抱、擊掌，還是揮揮手就好了？結果，我總是支支吾吾地發出一些詭異的聲音，更顯得自己是個怪人。在公共場所出醜真是天下間最糟糕的事。即使我已想不起因為什麼事情而尷尬（由此可見一定是無關緊要的小事），但是我依然記得那時候自己難受了好幾天，而且總是反覆回想那個尷尬的片段。

如果可以重新選擇一次，我肯定不會那麼執着，反而會放過自己，那些事不過是生活中的一段小插曲。現在，我還不時會遇上尷尬和不知所措的時候，但我不再為此煩惱。我會告訴自己，我只是缺少經驗，還需要多一些練習而已。

7

動起來！

　　想過健康的生活，運動是必不可少的。但是，說服自己動起來，比運動本身還要困難！挑戰自我是一項艱巨的任務。記得當我發現自己開始發胖的時候，就一直有做運動的念頭，只是念頭遲遲沒有化成行動……我總是為自己找到不運動的藉口！我希望自己事事做到完美，或至少得心應手，因此，我拒絕學習新的運動，或參與任何有機會失敗、可能引來嘲笑的活動。

　　然而，要是你想擁有健康的身體，就得讓自己心跳加速、汗流浹背。運動不僅長遠而言對健康有好處，還會讓身體即時產生一種稱作安多酚（endorphin）的物質，這種物質可以讓人感到愉悅。所以，還有什麼理由不運動呢？

　　剩下來的問題是：應該選擇哪一種運動呢？如何選擇一項自己真正喜歡而不至於無聊的運

動？我私心認為呼啦圈是最有趣的運動，我也喜歡滾軸溜冰、跳繩，以及跳舞。這世上有各式各樣的運動，你總可以找到自己的興趣。

如果你遲遲未能開始運動，不如先把目標分拆，例如先從每周三次，每次二十分鐘開始。只要提前做好計劃，安排時間運動並不困難。起牀後先做二十分鐘運動，可以令你一整天都充滿活力！你也可以先私下練習一段時間，才在別人面前大展身手！不過，別太在意自己的表現，因為大家都是從零開始學習，即使是世界冠軍，也曾經是一個初學者。萬事起頭難，但只要建立起運動的習慣，你就會感到越來越自信！

8

又愛又恨高跟鞋

到了十七歲，我才擁有人生中的第一雙高跟鞋。我喜歡高跟鞋，但討厭穿高跟鞋後腳底疼痛的感覺，此外，穿高跟鞋還會妨礙我自由活動，所以我在青春期的時候，是絕對不會穿高跟鞋的。你的骨骼和關節還在生長，穿高跟鞋會令你關節變形，嚴重影響你的脊骨和體態。即使你的思想已經十分成熟，但你的骨骼可能還未發育完成。女孩平均要到十四至十五歲時，骨骼才會不再容易彎曲，脫臼的風險也才會降低。不過，到了那時，也別忘了，連續穿幾個小時的高跟鞋也許沒什麼問題，但是一整天都穿着的話，那可就不舒服了。即使是成年人，也會因為一整天穿高跟鞋而感到不舒服。所以，每次穿高跟鞋出門的時候，我都會多帶一雙平底鞋。

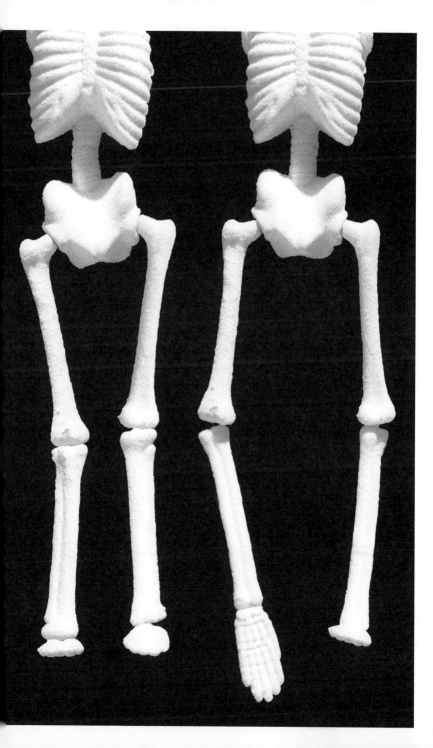

9

尿尿意外

我十四歲時⋯⋯尿褲子了。那是一個平凡的日子,我放學後穿着體育服走路回家,跟往常一樣,我剛到家門口,就想要小便(到現在我還有這個習慣)。那天我沒帶鑰匙,這本來也沒什麼,因為我家後門總是放着後備鑰匙,但是⋯⋯後備鑰匙恰好不在。如果只是這樣也算了,我知道梯子在哪兒,心想也許可以順着梯子從窗戶爬進去。可是,當時我家的窗戶前所未有地全部緊閉。

這下我開始不安了。當時手提電話還未普及，所以我沒法打電話叫家人回來，又不好意思向鄰居求助。我獨自坐在後院努力想辦法，由於實在是太急了，所以我平躺下來，意圖緩解強烈的尿意，然後，我把雙腿抬起來倚在牆上，沒想到竟然弄巧反拙：一陣刺痛感出現了。我想起自己很會做仰臥起坐，所以腹肌很強，應該能控制得住；不久又想到，乾脆找個地方蹲下來解決算了，但這樣做肯定會發出聲響，要是有人從籬笆外看到我光着屁股，那就尷尬死了。

於是，我一邊拼命忍着，一邊埋怨家裏所有人，責怪他們怎麼不給我留下鑰匙，或者開扇窗戶。這時……我感覺到一股暖流。天哪！我最不想要的事情發生了。我默默地站着，感覺

到內褲濕了，然後是體育褲和襪子——還好我及時把鞋踢掉。那一灘小便彷彿足足有一公升，根本就是擋不住的洪流。我羞愧難當，而且渾身發冷，只好從晾衣繩上拿了一條媽媽的睡褲，然後悄悄地、十分尷尬地把濕淋淋的體育褲換下來。

　　由於我的腿還沒有完全乾掉，所以睡褲濕答答地貼在腿上。我剛穿上睡褲，就聽見媽媽停車的聲音。我想跑出去痛罵她：她是世界上最糟糕的媽媽，居然把後備鑰匙拿走了！誰知當我要開口時，卻看到她正跟我的一個女同學說話，那個女孩應該是剛好路過。她們一起望向身穿體育上衣配睡褲的我，我只好說聲「你好！」，然後若無其事地幫媽媽把車裏的東西搬出來。那是我經歷過最糟糕的一天。

有時候，

你需要學會自嘲。

10

神秘的陰道

當你開始認識自己陰部時，你會發現自己的下體有一個洞，在小便的尿道口後面，那就是陰道。小時候的我曾經疑惑：①這個洞通往哪裏？②它有沒有盡頭？③洞的另一端是什麼？④游泳時這個洞會進水嗎？⑤水進去之後還會出來嗎？⑥我會不會喝到進過我身體的水？（答案是：①子宮頸；②有盡頭；③子宮、輸卵管和卵巢等器官。最後三個問題的答案都是：有可能！）我到了十四歲的時候，才第一次真正地觀察我的陰部，那感覺真的有點難以接受──那裏有些毛，有一股從未聞過的氣味，以及其他難以形容的東西⋯⋯只有我的長成這樣嗎？抑或每個女性都是一樣的？

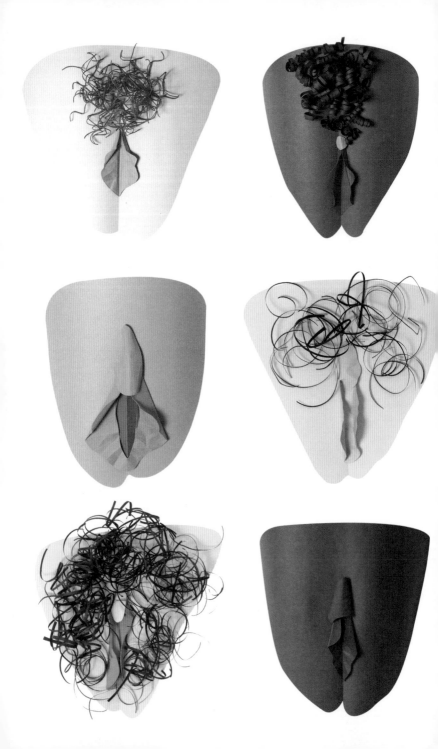

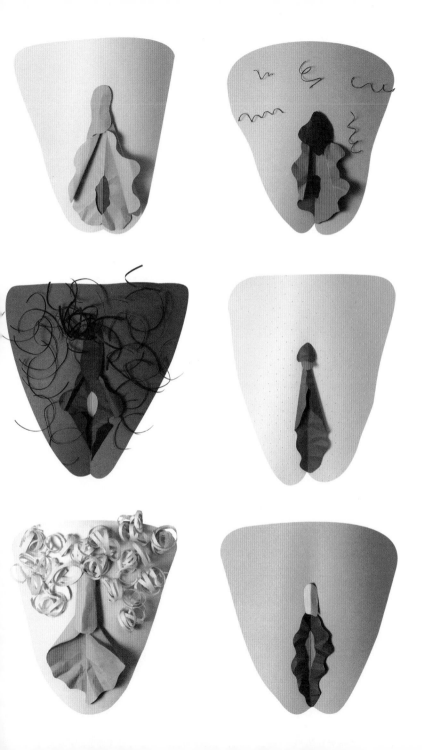

於是，我鎖上洗手間的門，拿了一面鏡子，仔仔細細地查看自己的陰部。它看起來有點複雜——亂糟糟的，感覺很陌生。我查看了很多醫學書籍，發現自己並非異類，其他女性和我一樣，擁有這有毛的、貝殼狀的東西。後來，我學會辨認陰部的各個部位，以及它們的功能。我知道哪裏是陰蒂（產生愉悦感的地方）、哪裏是尿道口（小便的地方）。我甚至在小便的時候，設法放一面鏡子在兩腿之間，來確認各個器官是不是都在正確的位置，跟解剖學書籍所説的一樣。幸虧一切正常，這讓我鬆了口氣，因為我總是擔心自己有什麼問題。

　　到現在我還不明白，為什麼有時候女性會因為談論陰道而感到尷尬，而男性卻以自己的生殖器官為傲，難道是因為我們的生殖器官是朝內的，而他們的生殖器官是向外的？

　　六歲那一年，我發現男孩在任何地方都可以小便，而女孩卻不行，真是不公平！我以為只要努力練習，女孩也可以尿出一道漂亮的弧線，於是，我決定試試。我站在距離馬桶半米以外的地

方，微微曲膝，把腰向前挺，期待着一道水柱成功射入馬桶。可是，一股暖流順着我的腿流下來，一直流到腳踝，弄濕了褲子，把我嚇個半死。我只得帶着失望跟媽媽説，我如廁時發生了點「意外」。我至少嘗試了五次，才忿忿不平地接受事實。直到今天，我仍然不能讓小便「飛起來」（是的，我還在嘗試）。

不管怎樣，請記住，陰部是你的朋友，會一生伴着你！所以，你應該了解它。知識就是力量！當我清楚地了解這些器官時，我變得更加自信，也覺得自己是身體的主人了。

這就是美麗傲人的女性陰部。你可以一圖看懂陰部的結構！第52至53頁展示了各種不同形狀、顏色和尺寸的陰部模型，不過，無論陰部長什麼模樣，都是由這幾部分組成的：

陰蒂包皮 (clitoral hood)
它的功能是保護陰蒂。

尿道口 (urethral opening)
小便的地方。

小陰唇 (inner labia)
「labia」在拉丁語中是「唇」的意思。小陰唇圍繞並保護你的陰道和尿道，保持它們清潔和濕潤。

大陰唇 (outer labia)
大陰唇圍繞並保護着你的陰蒂和小陰唇。

陰蒂 (clitoris)

你可以從以下這張小圖看到它的內部構造。這個器官唯一的作用，就是在被觸摸時產生歡愉的感覺。

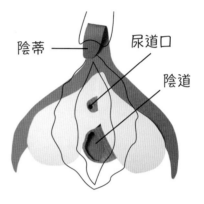

陰蒂 — 尿道口

陰道

陰道 (vagina)

這是通往子宮的通道。月經時，經血就是從這裏流出來的，嬰兒也是從陰道來到這世界。

處女膜 (hymen)

處女膜是一片薄膜，覆蓋着陰道的入口，上面有若干小孔。以往，人們認為處女膜完整，可以證明一個女性沒有性經驗，這說法十分無稽，因為有些女孩會在跑跑跳跳的時候，無意間把處女膜扯破。處女膜小孔的形態有很多種，例如下面這幾款：

白色不明物體

內褲上出現或黃或白、黏黏濕濕的不明物體，完全是正常的。當我第一次發現這情形時，還以為是身體出現什麼問題。不過，相信我，那真的完！全！正！常！健康的陰道是濕潤的，而那些沾在內褲上的東西，只是幫助陰道保持濕潤的分泌物。

要是你已經有月經，你可能會發現另一些像透明啫喱（説是像蛋白更加準確）的分泌物。這意味着你正在排卵：你的身體排出了一顆小小的卵子，並在子宮裏為它安排好舒適的啫喱狀「軟墊」，讓它能平安着陸（這裏先不解釋排卵和月經是怎麼一回事，因為比較複雜）。有時候，這些啫喱狀的東西不知不覺就流出來了，有時候，我感覺它在流動，還以為是月經來了。這種感覺怪怪的，不過你遲早會習慣。和月經一樣，因排

卵而產生的陰道分泌物也是有規律的。我會把相關的時間記在一個專門記錄月經的手機程式上，這樣監測起來就容易多了。

　　陰道分泌物剛開始出現的時候，你可能會弄得到處都是。沒關係，別焦慮，只要做好準備就可以了。陰道每天都會有一點分泌物，這是很正常的，只有以下情況才需要特別處理：分泌物總是很多、很黏稠，或者有強烈的氣味——這可能是念珠菌性陰道炎的徵兆（念珠菌性陰道炎是可以治癒的，我會在第198頁再詳細解說）。

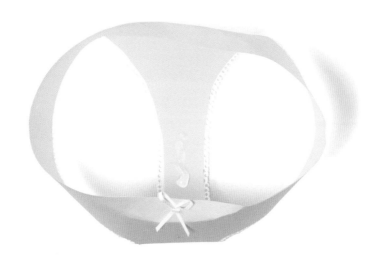

12

三千煩惱絲

毛髮是一種怪東西。我們為了脫去身體某些部位的毛髮而費盡心思，同時又花大量時間保養另一些部位的毛髮，比如頭髮。頭髮十分神奇：我的朋友有一把超長的頭髮，甚至可以用頭髮把自己吊起來！這是她的獨門絕招，稱作「頭髮懸垂」（未經訓練的你千萬不要模仿）！頭髮不僅強韌，還對我們有巨大的影響力，一個新髮型足以令人煥然一新。

我在髮型上做過各種有趣的嘗試，所有想得到的花樣我都試過了：漂染、編髮、染色、燙直、綁起來、放下來、梳得鬆鬆散散的……到了實在沒什麼可做了，就把它剃光（在寫這本書期間，我又剃了一次光頭！）。剃光頭的感覺不錯，彷彿在獨自對抗「外表等於一切」的世界，以及那些整天為了自己外表和他人眼光而憂慮的

人。至於梳頭、造型和護髮這種事嘛⋯⋯光陰可貴，我才不會每星期花幾個小時來做這些事呢！

　　我想對你說的是，頭髮只不過是頭髮，即使剃掉了還會再長出來。瘋狂一點、放膽嘗試又何妨呢？即使把髮型弄壞了也不用擔心，再難看也只是暫時的，不如接受自己的髮型出了問題，再花點心思補救：別髮夾、包頭巾、用頭箍、戴帽子⋯⋯甚至假髮！也許將來有一天，你再看到照片中的古怪髮型時會捧腹大笑，並想起當天有多苦惱！當頭髮長回來的時候，你便會恢復好心情了！

13

無法忽視的毛髮

　　這一分鐘你還覺得自己的皮膚光潔美麗，下一分鐘你卻發現腋下、腿上、兩腿間，甚至嘴唇上方、乳頭周圍長出了細細的毛髮，你開始懷疑自己要變成大猩猩了……

　　我對體毛又愛又恨。起初，我任由它們生長，還有點興奮，因為這意味着我將要成為一個女人了；但是沒過多久，我就帶着同樣激動的心情，想盡辦法要把它們弄掉。我想試試蜜蠟脫毛，卻又非常怕痛，不過，我最終還是嘗試了，結果沒有想像中那麼痛。我認識一位朋友用蜜蠟進行「比堅尼線脫毛」（脫去陰部外圍的毛髮）時，出了一點點血。這讓我緊張了好一陣子……對於脫毛與否，我想是沒有標準答案的。

　　怎麼處理體毛才好？潮
流時時在變，而現代的風氣
是，女人除了頭髮以外，全身都
應該是光禿禿。然而，這不是我們
天生的模樣。如果你想保持自然的狀
態，就照自己的意思去做吧！沒人有權
指揮你該如何打理自己的體毛。

世界各地有很多女性
都任憑自己的腿毛和陰毛
自由生長，懶理世人的目光，
而這些毛髮一點也不會減損她們
的美麗。不過，要是你希望脫去體
毛，可以翻到第134頁，那兒有一些實
用的建議。

14

想吃就吃

　　中學時期的我胃口很大，因為我正在發育，身體需要能量。的確，我的身體發育了不少，但是從十一歲起，我便沒有長高，只是不斷長胖。我不介意變胖，只是不想皮膚因為長胖而出現伸展紋。媽媽說伸展紋會自然消失，我也希望如此，最後的確如此！所以，我一直都是想吃就吃。中學階段的最後一年，我有時會自製獨創的三文治當早餐，配上一杯奶昔，來展開新的一天——可是吃飽以後我只想回牀睡覺。我不建議你天天吃這種早餐，但是強烈推薦你試試我的三文治，保證你一試難忘。

材料：
- 三片全麥麵包
- 兩片芝士
- 一罐茄汁焗豆
- 一罐罐裝意粉

做法：
先放一片麵包、一片芝士，加上罐裝意粉；然後放一片麵包、一片芝士，加上茄汁焗豆，再放一片麵包。最後把三文治塞進飛碟機烘烤，烤好後你便可以大快朵頤了！

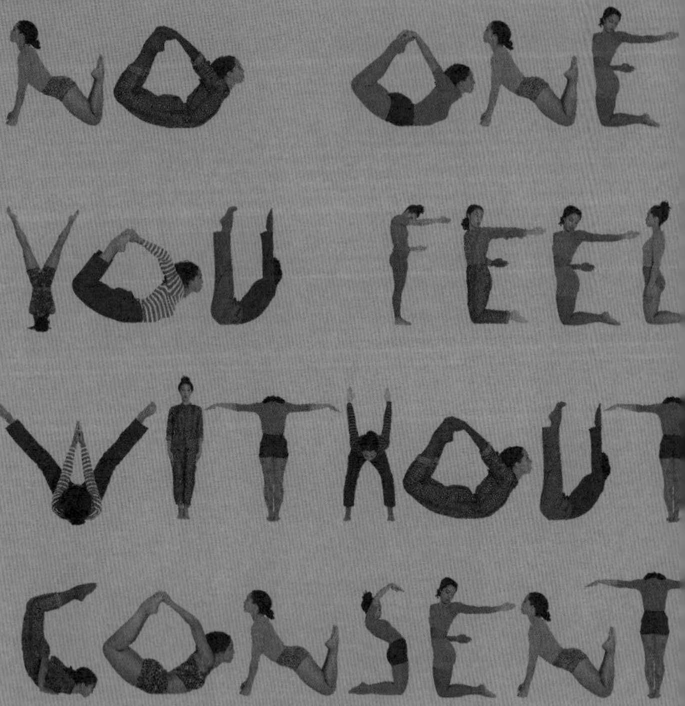

NO ONE
YOU FEEL
WITHOUT
CONSENT

要不是你准
沒有人能使

CAN MAKE

INFERIOR

YOUR

許，

你自卑。

—— 美國前總統夫人
愛蓮娜·羅斯福（Eleanor Roosevelt）

心碎時分

　　心碎的感覺令人痛苦，甚至痛不欲生。不過，悲傷的時間總會過去，即使當時你覺得痛苦沒有盡頭，它也一定會過去。那些艱難的時光，曾經讓我感覺心靈受創，但實際上，那段時間就像是一朵烏雲籠罩着我——它讓我很疲憊，身體沉重得沒法動彈，一點胃口也沒有，整個世界都彷彿是灰暗的，沒有人可以鼓舞我。然而，烏雲終究還是散開了，快樂的感覺再次到臨，生活重新有了色彩，一切又恢復正常。擺脫憂傷的最佳方法，就是去做你最喜歡的事，投入其中，盡情享受，例如跟朋友見面、做運動，或者閱讀。無論是哪一種活動，我保證都能加速你痊癒的過程。你只需要分散注意力，等待時光流逝。不過，我完全明白你此時此刻的感受。☹

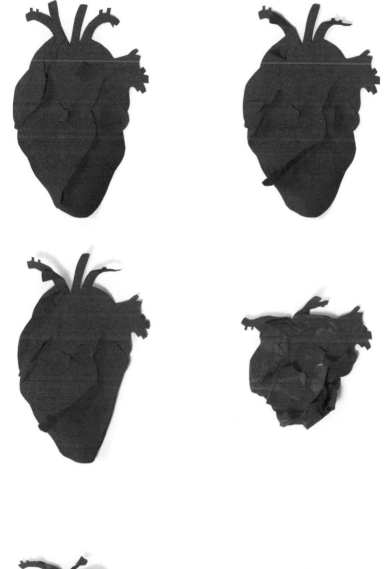

舞動青春

趁沒有人看着你的時候，盡情舞動吧！（你也可以想像萬人矚目的場面，隨你喜歡！）

有時候，跳舞可以排解煩惱、憂傷和痛苦。這世上有各式各樣的舞蹈：爵士舞、芭蕾舞、現代舞、街舞、踢踏舞、排排舞、社交舞、探戈、霹靂舞……簡直數之不盡。你可以去參加舞蹈班，學習任何一種你喜歡的舞蹈。

很多舞蹈都與某種類型的音樂有關。所以，找到喜歡的音樂類型，就能確定自己喜歡什麼舞蹈。音樂能激發各種情感：悲傷、喜悅、憤怒、興奮、失望……因此，隨着音樂起舞是一個抒發情緒的好方法。也許今期音樂流行榜上沒有你喜歡的歌曲，但是這世上有那麼多悅耳的音樂，去找找自己的心頭好吧！找到你喜歡的音樂後，在睡房中播放並隨之舞動吧！你甚至可以到戶外

（例如：公園），戴上耳機起舞。

　　只要聽到喜歡的音樂，我就會手舞足蹈。我常常覺得音樂牽引着我，我只是跟隨音樂舞動而已，那種感覺真是妙不可言。我也愛觀看別人跳舞，有時候，看起來最不懂跳舞的人，也會被自己喜歡的曲調感染，投入舞蹈中。通過人們的舞步，你能看到他們各自的故事。我媽媽一聽到葛洛莉雅·蓋洛（Gloria Gaynor）的《I Will Survive》這首歌時，就會沉醉其中。她會停下手中的事情，隨着旋律唱起來，並且大幅度地擺動雙臂、轉圈和扭動手指。那真是一首經典金曲，每次看到媽媽這樣我都會很開心。

　　如果你覺得自己不會跳舞，沒關係，你可以先站着或坐着聆聽音樂，嘗試在適當的時候擺動手臂、曲起膝蓋，或者蹦蹦跳跳。你不用跳得像舞蹈員那麼專業，先不要為自己設限，把內心的小舞后釋放出來吧！

17

M的煩惱

　　月經遲早要來，而且是以你意想不到的方式來到。有時候你會發現經血很多，有時候卻很少；有時候會斷斷續續，今天一點，明天一點；某天一點也沒有，第二天又回來。不過一般來說，大約一星期後，你便可以放心地穿白色內褲，而不用擔心弄污。我來月經的時候，總是想小便，也常常放屁，說來有點不好意思，但這是事實。坦白說，月經來的第一天，我總是會大量排便，那感覺很好，就像是每月一次的淨化，讓我的身體重新啟動。

　　月經來了，意味着你已經是一個女人了。只要沒忘記帶衛生巾或衛生棉條，就沒什麼好害怕的。所有健康的成年女性都會有月經，包括名人、運動員、窮人、有錢人，以及擁有不同信仰、生活於不同文化背景之下的人。但是，我們

出奇地很少談論月經，彷彿說出來很難堪。還好，在某些文化中，女孩子的第一次月經是要慶祝一番的，而不幸的是，隨着這種慶典而來的往往是結婚生子。如果你夢想成為優秀的運動員、馴馬師或者太空人，那麼結婚生子，絕對不會是你第一次月經後應該考慮的問題。

其實，很多人都可以坦然談論關於月經的話題，所以你可以向朋友、比你大的女孩或者其他女性請教相關的問題。與生活中的大部分事情一樣，隨着時間的推移，再加上更多的練習，終有一天你會對月經應付自如。越來越多的女性願意公開談論月經，分享自身的故事和經驗，令月經不再是禁忌，真是太好了！

18

我與M的初遇

　　那天媽媽和她的朋友在房間裏。客人的小孩、我，還有我的兄弟姊妹在客廳看電視。電視上播放了一則衛生巾廣告，廣告中的女孩笑瞇瞇地踏着單車，同時，可愛的動畫展示如何把帶有小翅膀的衛生巾貼在內褲上。我記得自己當時還在想：墊着衛生巾踏單車，肯定不太舒服吧。

　　幾分鐘後，我忽然感覺到褲子濕了。我的朋友大多是去洗手間的時候，看到內褲上的血點，才發現自己月經來了，而我卻不同，我立刻就意識到發生了什麼事，並跳起來奔向洗手間，像憋尿那樣努力忍着。但是沒有用，我還是感覺到有東西流到內褲上。經血流出時一點都不痛，跟受傷流血的情況完全不同，只是小腹會隱隱作痛。那感覺十分奇怪，我無法忍住它，也無法用力把它排出來，我的身體彷彿完全不受控。

我坐在馬桶上，拼命思考着如何遮掩，我不想讓所有人都知道。我的腦海一片混亂：到底我會流多少血？是不是要整夜坐在馬桶上？我別無選擇，只得去找媽媽。我在內褲上墊上一疊厚厚的廁紙，以怪異的步姿走出去。媽媽正在和朋友聊天，我在走廊小聲叫她。她看了我一眼，不知道我什麼意思。我說：「媽媽！你出來，立即出來！」結果，所有人都靜下來看着我，令我十分尷尬。媽媽一邊跟着我大步走向洗手間，一邊問我出了什麼事。我告訴她，我月經來了。

　　她問我是否確定，我給她看了我的內褲，她說：「好的，別擔心，我很快回來。」她買了一大包衞生巾回來，然後教我該怎麼做，還提醒我在晚上睡覺時，在內褲裏貼兩塊衞生巾，那麼即使經血再多，也不容易漏出來。我當時想：「什麼？兩塊？一塊已經很礙事了，天啊！我怎麼會淪落到這地步！」

　　這就是我的第一次月經，一生難忘。起初我覺得有點難以接受。有月經之前，我覺得自己和一起玩耍的那些男孩沒什麼不同，現在，我和他

們不一樣了，彷彿我一夜之間長大，而且再也回不去了。

　　所有慌張與胡思亂想終歸會消失，你會和我一樣，感覺越來越輕鬆：以前讓你感覺巨大無比的衛生棉條和衛生巾，會變得越來越輕便小巧，最後你甚至會忘記它們的存在；那些讓你感覺恐慌的事情，會變得越來越容易預測和掌控。我學會了欣賞自己的身體，你也可以做到。很多女孩的月經周期要經過好幾年，才會逐漸變得有規律，但如果經血過多，或者經痛很嚴重，就應該去看醫生。

19

M不可怕

　　有人把月經視作洪水猛獸，有人談論它時總是壓低聲音説：「我那個來了。」彷彿大家提起月經時，就只能想到一連串誇張的負面感受。然而，我認為月經也有令人高興的地方。

　　月經來臨前幾天，我總是全身有點腫脹、有點燥熱。月經的第一天，我會有一點腹絞痛，陰道內外又癢又脹，偶爾還會出現奇怪的刺痛，就像肌肉痙攣一樣。經痛很討厭，但是只要抱一個熱水袋，蜷縮着身體喝一杯熱茶，便會舒服多了——全身得到放鬆，所有緊張和壓力都消失了。通常，到了月經中期，我就會感覺到平靜而清新，好像脱胎換骨一樣。

　　以往，我認為當女孩很好，除了月經這回事——去哪兒都得帶着備用的衞生棉條或衞生巾，真是令人厭煩！加上做什麼事都要考慮到月

經的影響，太不公平了！不過，現在我已對月經改觀了。我發現，月經的其中一個好處，是令我的腦袋變得有效率：我的嗅覺、聽覺和味覺在月經期間會格外敏銳，很多食物的味道都變得強烈，例如更甜或者更辣了。我會特別想吃某類食物，尤其是馬鈴薯，我超愛吃馬鈴薯！月經期間，我也會變得更有創意，所以我通常會在那幾天畫畫、寫作，或者進行其他創作，我的思緒進入了一種十分活躍的狀態。

經痛出現時，我會做一些簡單的伸展運動，出去散散步，或者聽音樂來緩解。此外，那幾天我會變得極感性，連電視廣告都能使我落淚，不過，大哭一場可以是一個洗滌心靈的機會，哭過以後我的心靈和鼻腔都更舒暢了。接下來，我會打起精神，洗洗臉，繼續做該做的事情。月經讓我知道自己的身體運作正常，每個月我都有一次好好關心身體的機會。月經還使我與其他女性連結起來──我們都有同樣的經歷，可以彼此交流有關月經的心得。

月經可能會給你的生活帶來許多不便，但只要你了解它並提前做好預備，便不致手忙腳亂，甚至可以善用它！每一次月經都是一次機會，讓你探索如何善待自己的身體。不要讓月經控制你，學會掌控它吧！

20

從頭細說月事用品

很久以前，女性就發明了月經時使用的月事用品。但是，經歷了漫長歷史，我們才終於用上可以自動黏貼、吸水能力超強、包裝精緻可愛的現代衛生巾。過去的女性嘗試以各種「有趣」的方式來處理月經，最常見的是使用可清洗、重複使用的布條，但某些地方的貧窮女性卻只能靠泥土甚至沙子來吸收經血。大約19世紀時，「衛生帶」誕生了，它是一條長毛巾，前後兩端繫在一條腰帶上。不過它很難固定，穿着起來也很不舒服。直到有一天，某位天才想到在墊子背面加上膠貼——現代衛生巾誕生了！

衛生巾的生產技術不斷改進，墊子變得越來越薄，吸收力也越來越強，有些衛生巾甚至成了內褲的一部分，你只需要穿上這種「月經內褲」，之後再清洗乾淨就可以了。

在世界各地，衛生巾都是最多人使用的月事用品，不過，由於我月經頭幾天的經血很多，所以會使用衛生棉條，至於經血量少的那些日子，我有各種選擇——我會使用護墊（一種輕盈小巧的衛生巾）或月經內褲。

　　還有，幾乎所有女人都試過把廁紙捲起來應急。這種臨時衛生巾會在你走動的時候往後跑，甚至從內褲後面露出來。這不是什麼大事，很多人都遇過。

衞生巾使用要訣：

▰ 隨身準備一兩塊衞生巾：後備衞生巾拯救過我無數次。

▰ 記得把衞生巾貼在內褲褲襠的中央。不過，如果你睡覺時習慣仰臥，臨睡前就可能需要把衞生巾貼在靠後一點的地方（相反，如果你習慣趴着睡或者是側臥，則要貼得靠前一點）；你也可以試試特長夜用衞生巾。

▰ 正確地丟棄衞生巾：先用廁紙或者剛拆開的衞生巾包裝，把用過的衞生巾包起來，再準確無誤地扔進垃圾桶。絕不能把它沖進馬桶——馬桶會因此塞住。即使你僥倖地把它沖掉，這也是一件很沒公德的事，沒有人想跟你的衞生巾一同在海中暢泳！

▰ 衞生巾需要定時更換，通常一天要換好幾次，具體次數要視乎你的經血量以及衞生巾的吸收能力而定，不過，即使是經血量少的時候，也不可以不更換衞生巾。

我應該選擇衞生巾還是其他月事用品？

衞生巾的優點	衞生巾的缺點
● 你可以清楚自己的經血量，知道什麼時候需要更換衞生巾。 ● 不用怎麼學習就會使用。相反，衞生棉條和月經杯要經過練習才會用得到，所以，衞生巾是「入門級」的月事用品。	● 跟皮膚摩擦的時候會令人很不舒服，而衞生棉條和月經杯可令人忘記它們的存在。 ● 月經時使用衞生棉條或月經杯便可以繼續游泳，用衞生巾卻不可以。 ● 有時候，你會不小心讓膠貼黏到陰毛，那真的很痛！

21

輕鬆學用衛生棉條

　　我一直以為，衛生棉條與衛生巾的區別就是前者比較小巧，而且不用貼在內褲上。當我知道衛生棉條是要放入體內的時候，真是嚇壞了！這麼骯髒、噁心，我怎麼可能接受？後來，我使用衛生巾時弄出不少麻煩——經血不時漏出，而且感覺上好像把一塊巨大的衝浪板塞進褲子裏，十分悶熱。所以，我花了一個下午的時間練習把衛生棉條放進體內，再試着取出來。剛開始的時候，我只是把衛生棉條剛好放進去，而不知道要再推進一點，因為我擔心放得太深就取不出來了。但是，這樣令我相當不舒服，每走一步都會感覺到衛生棉條跟我的身體摩擦，太可怕了！最後，我明白到把衛生棉條放得深入一些，反而會感覺不到它的存在；即使不小心把衛生棉條塞得太深，只要花點耐性和心思，也能取出來（要是

繩子斷了，請找醫生幫忙）。終於，我學會了使用衛生棉條，可以在經期中游泳、跑步和跳躍，做什麼也不是問題！

你知道嗎？經過多年爭取，女性的地位已經大大提高，但是，有些國家還是有「衛生棉條稅」這回事，此由可見，爭取男女平等仍是長路漫漫。衛生棉條（以及包括衛生巾和月經杯的其他月事用品）曾被歸類為奢侈品，意思是月事用品是可有可無的！什麼？月事用品怎麼可能不是必需品？氣死人了！要女性因為月經而多繳一些稅？荒謬！

衛生棉條使用要訣：

購買前先閱讀包裝上的說明，選擇合適的尺寸（建議先試用最小的尺寸，如迷你型）。

記得更換衛生棉條，要是衛生棉條在體內停留超過八小時，可能會引發「中毒性休克綜合症」，出現突發高燒、嘔吐、腹瀉、頭暈、昏厥或出紅疹的症狀（出現任何一種症狀時，請立即取出衛生棉條並求醫）。

盡量購買成分天然的衛生棉條。有些衛生棉條除了使用純棉之外，還添加了其他成分，別忘了閱讀說明書。

隨身帶備一些衛生棉條，並把它們藏好，以免在拿其他東西的時候掉出來。

記得幫助其他女孩。我曾被其他女孩的後備衛生棉條多次拯救。因為青春期女孩的月經不一定會準時來到。

不要把衛生棉條扔進馬桶！和處理用過的衛生巾一樣，你應該將用過的衛生棉條包好後扔進垃圾桶。

我應該選擇衛生棉條還是其他月事用品？

衛生棉條的優點	衛生棉條的缺點
● 用了它你就可以去游泳了！ ● 要是使用方法正確，你就不會感覺到它的存在了！這是衛生巾不可能做到的。 ● 體積小、攜帶方便。	● 要是趕不及更換衛生棉條，經血就會流到內褲上。 ● 要經過練習才可以學會怎樣使用。 ● 經血較少的日子，衛生棉條不會完全濕透，把它拉出來的時候可能會摩擦到身體。

22

挑戰月經杯

　　因為著名的月經杯品牌「Mooncup」的緣故，月經杯又被稱為「月亮杯」。它不像衛生棉條和衛生巾那麼普及，但因為可以重複使用、減少污染而越來越流行。月經杯由乳膠製成，體積很小。你可以將它折疊，放入陰道中，放手後它會彈開並緊貼你的陰道壁，這樣經血就會流進月經杯裏。更換時，你可以捏住月經杯的末端，輕按它的底部讓空氣進入，然後將它取出來，再把經血倒進馬桶（小心不要打翻！）。用飲用水將月經杯沖洗乾淨後，就可以放回陰道中。你需要多次練習，才能熟練地使用月經杯，互聯網上也有很多教學。一旦掌握了月經杯的使用方法，你就可以「一杯走天涯」了。

月經杯使用要訣:

▎尋找適合你的尺寸。我第一個月經杯太大了,使用時很不舒服。你需要先比較不同的牌子,才可找到適合自己的月經杯。

▎儘管月經杯能容納的經血量是衛生棉條的三倍,但是,你也應該每隔四至六個小時將它清空一次。每次觸摸月經杯時,都要確保雙手清潔。

◢在多種月事用品中,月經杯應該是最難使用的一種,所以,使用前請仔細閱讀說明書,也可以和有經驗的人多多交流心得。

◢記得準確地依照說明書的指示清洗月經杯,每次月經結束後,都應把它徹底消毒。

我應該選擇月經杯還是其他月事用品?

月經杯的優點	月經杯的缺點
● 可重複使用(使用期限請參閱說明書),所以你再也不用因衛生棉條或衛生巾用完了而四處尋找商店。	● 將月經杯拿出來的時候,你可能會不小心把經血灑出來,尤其是月經杯有點滿的時候。這個步驟需要多次練習,才可以得心應手。
● 月經杯能容納的經血量比衛生棉條多,可以留在體內的時間略長一點,同時可以令你忘了它的存在。	● 在公共廁所清空月經杯不太方便,因為你不可能在洗手盤沖洗月經杯。提示:你可以先清潔雙手,然後帶一小瓶飲用水進入廁格。
● 你可以把經血看得清清楚楚,清空月經杯讓你了解身體的內部情況。	● 把月經杯正確地摺好並放入體內,是一個高難度動作,然而,當你學懂了,你便不會再想用其他月事用品!

99

23

滲漏意外

　　剛有月經的時候，我讀遍了所有關於月經的資訊，從中我學到一件事（後來發現這個知識完全沒用），就是月經的周期是二十八天。於是，我在日記本上，每隔二十八天就寫下一個大大的「P」字（在英語中月經叫作period），以為這樣就萬事大吉了。

　　幾個月後，我們家和另一家人一起郊遊。同行的人中有很多孩子，包括一個跟我同齡的男孩。盡興地玩了一整天後，大家準備坐車回家。由於孩子們都想坐在同一輛私家車上，所以我被擠在弟弟和那個與我同齡的男孩中間。突然，我意識到自己月經來了。我驚恐萬分，不單因為還有一段很長的車程才能到家，而且，當天

不應該是我的經期，所以我穿了一條白色的工人
牛仔褲！你能想像這情境有多恐怖嗎？慌亂之
中，我拼命夾緊雙腿，想阻止任何東西流出
來。可是，不管多麼用力地擠壓，我還是能
感覺到點點滴滴的經血在流動。我努力裝
作什麼事都沒發生，跟隨大家大聲說笑。
但是情況越來越糟——我每笑一次，就會有
更多的經血流出來。我扮作不經意地看一看
兩腿之間，想確定月經是不是真的來了（你也
試過以為自己弄得到處都是，結果只在內褲
上看到一個小血點吧！）。天啊！鮮紅的
經血已經滲透了我雪白的褲子！

然後，另一個恐怖的念頭出現了——汽
車座位呢？也被弄髒了嗎？我身上有血腥味
嗎？我覺得難堪極了。那個男孩一定會
看見吧？這個想法把我嚇個半死，
感覺好像自己什麼都被人看見
了，真是噁心！我唯一能想到的
辦法是，一下車就緊緊夾着雙腿，
立即走回自己的房間。終於到家了，

我必須比男孩先下車。於是，我採取了一種像鴿子一樣奇怪的姿態，用力收緊臀部，因為我覺得只有這樣才能避免被男孩看到（其實我根本不知道有沒有用）。我終於安全地回到自己的房間，但麻煩還未結束，我還要清潔褲子。我那漂亮的白色工人褲還能洗乾淨嗎？我想盡辦法，試圖弄清楚到底該用冷水洗還是熱水洗（提示：應該用冷水），我用了各種各樣的清潔劑浸泡褲子，然後把它放進洗衣機，祈禱奇跡能夠出現。但是，它再也無法恢復原樣了。那條褲子跟我的回憶一樣，永遠都帶着污點，而我對月經日曆的信心也徹底毀掉了。當時，我終於明白為什麼月經又稱作「女人的咒詛」。

不過，現在有了月經應用程式，它能讓我比較準確地知道月經什麼時候來。這個日期可能有一兩天的誤差，壓力或者旅行之類的事情，也會打亂月經周期。就好像後來我又發生了一次同樣的事情，而且那天我又穿了白色牛仔褲，這世界怎麼會有如此巧合的事！當時我從劇院出去買午餐，剛進餐廳就意識到月經來了。我知道自己不

會馬上流很多血，因為那時我已經長大，比較了解自己的身體。所以我按計劃買了午餐，然後走回劇院準備晚上的演出。當我走進洗手間時，發現自己遭遇了和二十年前一模一樣的情況。唯一的區別是，這一次我沒那麼尷尬，而且我有衣服可以替換。

吸氣

呼氣

24

上一代人

　　從大約十三歲左右開始，我便覺得爸媽很煩，不管他們說什麼，我都不想聽。這種狀態持續了好幾年。不過，現在媽媽是我最好的朋友，我喜歡跟她聊天，常常想告訴她我正在做什麼，而她總是會認真聆聽，使我感到十分幸福。當母親的人十分辛勞、十分忙碌，我真不知道她是如何做到的，想想也叫人驚歎。她為了照顧家庭，放棄了所有私人時間，我對此永遠心懷感激。不過，有一段時期，我覺得她真是非常老土，她一開口我便想逃。爸媽（或其他照顧者）不顧孩子的意願，無時無刻地監視他們的一舉一動，實在十分討厭。他們讓你在朋友面前丟臉，完全不懂潮流，也無法理解一雙好運動鞋為什麼比沒牌子的廉價貨要好上幾萬倍。

　　但是，爸媽也年輕過，在年少時的經歷中，

他們積累了不少出色的想法。承傳爸媽的人生經驗，是一個與他們溝通交流的好機會。我大部分關於身體的知識都來自媽媽，我可以向她提出任何問題，而她總是會跟我分享她的故事——那些令我身同感受的經歷。事實上，時裝趨勢、音樂潮流、科技發展也許會改變，但人們的心路歷程總是相似的。

無論我和媽媽之間發生過什麼事——包括她怎樣令我尷尬，在我內心深處，她也是無可替代的。她帶我來到這個世界，給予我生存的機會，這是永遠不會改變的事實，我非常感謝她。所以，給上一代人一個機會吧，不要把他們拒於千里之外，我向你保證，他們為了更加了解你的想法，已經出盡全力了。

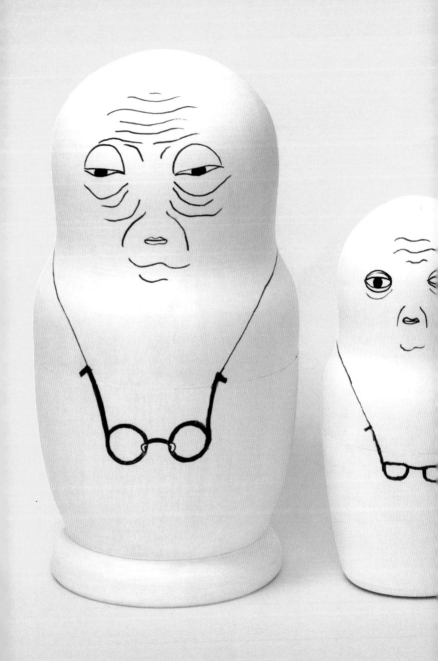

世界上再也沒

感情，比兩

姐妹情更

有什麼樣的

立女性間的

親密了。

——英國女作家
華莎‧沙爾（Warsan Shire）

25

化妝？喬裝？

　　化妝很好玩。我對化妝的熱衷程度，不低於專業的歌舞表演者。透過化妝，你可以按照各種主題和風格，或者當天的心情，嘗試修改自己的容貌。然而，當化妝變成了一個面具，不戴上它你便無法出門，你就應該停下來好好想想，自己到底為什麼要化妝，是不是試圖掩蓋真正的容貌，抑或是追求某種不可能成真的自我形象。別忘了，如今修圖軟體無處不在，有圖未必有真相！無論是穿着比基尼的完美軀體，還是「零死角」的臉孔，都不是真實的。互聯網或書刊上的照片都被修飾過——把牙齒漂白、把皮膚收緊，都只是基本動作。所以，把自己跟雜誌上看到的人比較，是毫無意義的。多年以來，女性總是以雜誌、廣告板上的模特兒為目標，把自己跟這些「女神」比較，然而，我們看到的，根本不是這

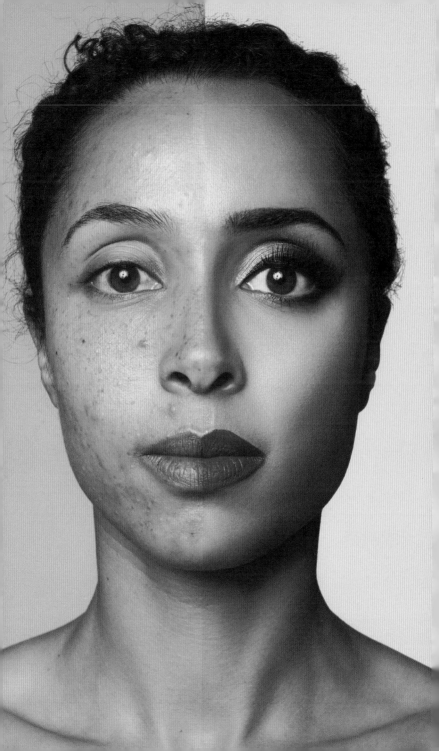

些人物的真實面貌！乾脆把「比較」這種事徹底拋棄吧！因為比較只會令你越來越不快樂。每個人都是與眾不同的，每個人都有美麗和可愛之處，而修圖軟件只會把我們獨有的氣質抹掉。無論你相貌如何、身材如何，都要接納自己、疼愛自己。要保養皮膚、常做運動，不要自暴自棄。社會文化和媒體已經扭曲了我們的價值觀，連護膚品都用「修圖效果」這種字眼來宣傳，這不是很可笑嗎？把那些垃圾雜誌全扔了吧！請堅信，愛自己的女孩才會美麗。

滋養你的大腦

　　大腦就像肌肉一樣，需要一定的刺激和鍛煉才能保持健康的狀態。你要持續為大腦提供營養，並讓它得到充足的運動。至於用什麼來滋養大腦，是一件值得認真思考的事。你不可能指望每日三餐只吃巧克力，就能保持身體的最佳狀態；同樣，你也不應該用無益的垃圾資訊來餵養你的大腦！

　　互聯網的資訊包羅萬有，可以刺激大腦。但是，我們使用互聯網的方式卻可能十分僵化，例如總是觀看同一些影片、聽同一些歌、玩同一些遊戲、閱讀跟自己同聲同氣的文字……其實，只要稍作改變，就可以好好鍛煉大腦，帶給你新的體驗。得到父母的准許後，不時瀏覽一些新的網站吧！你可以為心中的疑問查找答案，搜尋一些你感興趣的人或事，尋找一些與自己的嗜好相關

的網誌。世界很大，但是我們往往只在自己熟悉的那個小圈子裏打轉。我會特意去聽自己通常不會聽的音樂。即使是那些我不喜歡的歌曲，我也堅持把它聽完，看看自己會產生什麼感受、腦海中會出現什麼畫面。有時候，我會為喜歡的歌曲構想新的影片——音樂可以引領我們的想像力，進入一個全新的境界。

有人說，互聯網讓你足不出戶就能到達任何地方。可是，真相是我們只是坐在家中，看着發光的屏幕。我們離不開科技，成年人也不能。但是，打開門走出去，接觸真實的世界，會得到截然不同的體驗，這是盯着屏幕的感覺無法比擬的。打開心胸接受新事物，包括那些你以為很沉悶的東西吧！學一些紙牌遊戲、讀一本你慣常不會看的書、砌一副飛機模型……隨時隨地不斷嘗試新的事物，會令你的大腦充滿新鮮好玩的念頭。

什麼也沒有用，

起點

終點

除非你願意行動。

－美國作家
馬婭・安傑盧（Maya Angelou）

27

再美一點就好了

　　你心裏曾否出現過這種微小的聲音？要是我的鼻子再小一點，頭髮更有光澤一點，腿再長一點，那就好了。

　　人人都試過渴求一些自己所沒有的事物。如果是關於自己的身體，那種渴望就更加令人難受。因為這關係到你如何評估自己的價值，以及你認為別人怎麼看你。「再美一點就好了」是一個有毒的念頭，意味着你永遠不會滿意自己。事實上，即使你的腿就是那麼短，但是你仍然擁有許多珍貴的優點。請欣賞自己，相信自己的體態擁有與眾不同的魅力。小時候，我時常幻想，要是我出生在二十世紀五十年代，或者生活在別的國家，那麼我的身材可能會更符合大眾的審美觀。但是最後我發現，有自信的人才是最迷人的──這縱使知易行難，卻是千真萬確的道理。

美白霜

含有美白成分
使皮膚呈現
亮白晶瑩的
光澤

這世界上有許多不同的審美標準，何必迎合某一套特定的準則呢？我發現，在某些國家，深色皮膚的女性想要擁有白皙的膚色，所以超市裏充斥着各種有損健康的美白霜；而在另一些國家，白皮膚的女性卻冒着患皮膚癌的危險去照太陽燈，或者在沙灘上拼命曬日光浴，想要曬出「健康」的古銅膚色。真是不可思議！

所以，別再折磨自己了。好好地想一想自己有什麼優點，有什麼引以為傲的地方，有什麼你絕對不會改變的特質，然後慶賀一番吧！你也可以把自己的優點寫下來，下次心底再次出現「再美一點就好了」的時候，拿出來看一看，想想自己是多麼的優秀，然後跟鏡子裏的自己擊掌，會心一笑吧！

我的肩膀又闊⋯

⋯又尖，

看起來好奇怪。

我覺得自己很胖。

為什麼我的腿這麼長？

我覺得自己像個巨人。

我要把背脊彎起來。

天啊，我看起來
很胖。

人人都在看着我
圓滾滾的身材。

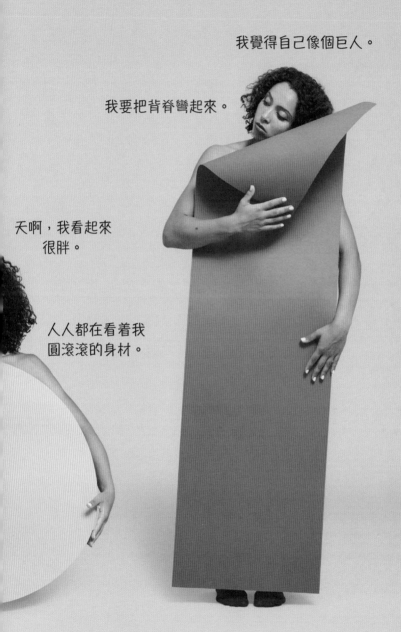

看，我的身形多好看！　　　　　　　　　我愛我的肚腩。

多麼有型！

這個角度很好看啊！　　　　　　　　　我是曲線美擁戴者！

沒有人可以阻擋我視線。

高人一等真好！

高人一族！

我喜歡我的身形。

哪來的伸展紋？

當你身體的某個部位快速生長時，皮膚亦會迅速伸展，伸展紋就是由此而來。一旦伸展紋開始長出來，便很難在短時間內遏止。伸展紋很惱人，但終究會消退。我的雙腿和屁股上都長過伸展紋，乳房發育的時候也長滿了這種紋。

伸展紋乍看很恐怖，它們可能跟皮膚的顏色一致，也可能是粉紅色或者紫色的。看到乳房上長滿了這種蜘蛛網一樣的紋路時，我沮喪極了，以為自己再也沒法穿低領的衣服（但我最後還是穿了！）。你要習慣伸展紋的存在，不要受它影響。現在，有些女孩會慶祝自己長伸展紋，這樣做很好！如果無法避免，那就欣然接受吧！

> 提示：堅持每天抹潤膚露，可以減少伸展紋的出現。不過，即使出現了伸展紋也別擔心，大部分的伸展紋都會隨着時間而慢慢消退。

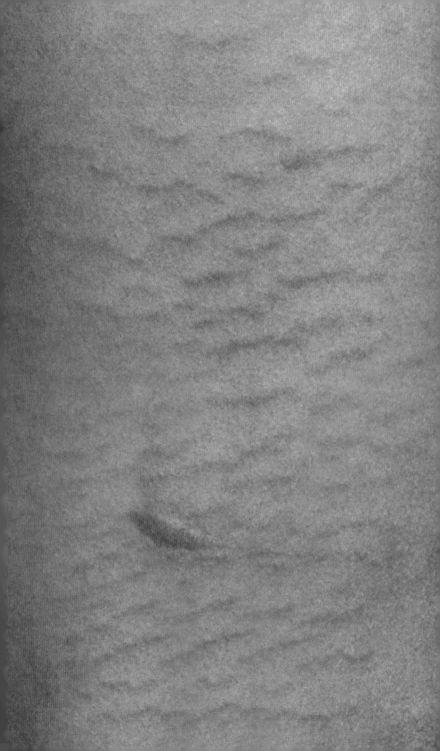

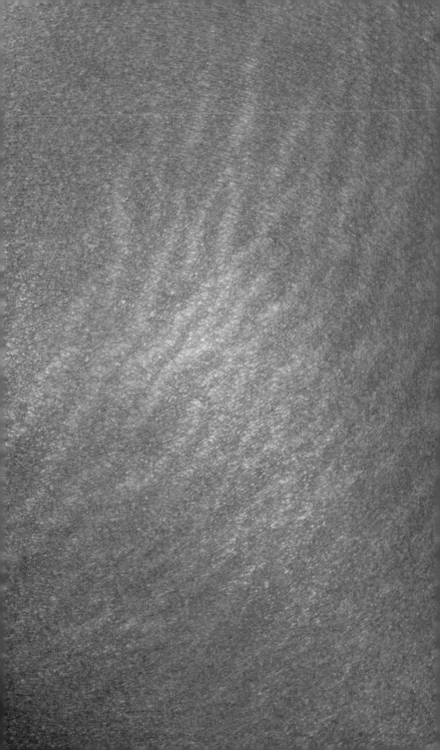

脫毛大作戰

如果你想擺脫身體某些部位的毛髮，我來告訴你怎麼辦。

✂ 修剪 ✂

你可以直接把毛髮剪掉。但是毛髮就像植物一樣，在皮膚之下有「根」，所以，修剪過後它們還是會長出來，而且長得更濃密。不過，這是最便宜也最簡易的自行脫毛方法。

使用剃刀：小心鋒利的刀片，千萬別弄傷自己。第一次嘗試的時候可以從小腿開始，下刀前記得先把皮膚弄濕。剃毛之後，別忘了抹點潤膚露。

使用脫毛膏：把脫毛膏直接塗抹在毛髮上，然後毛髮就會脫落了。這個辦法迅速且簡單。但是，脫毛膏中的化學成分會不會對皮膚有影響呢？我不敢細想。

優點： 能夠快速地令肌膚變得光滑，而且所費不多。
缺點： 可能會出疹子。修剪後大約一兩天，毛髮就會重新長出來，伴隨着刺刺癢癢的感覺。

—— 拔毛 ——

　　對，就像幫長輩拔白頭髮一樣，把毛髮連根拔起（想想也覺得痛！）。但是，之後長出來的毛髮會比較幼細柔軟。你必須要等到毛髮長得夠長了，才能再次拔除。假如遇上周末要開派對，但是體毛仍是很短，沒法用熱蠟脫毛，那真令人很沮喪。

熱蠟脫毛：在美容院做比較貴，但在家做又很麻煩。條狀蠟紙最容易操作，不過要小心別讓它碰到家裏的任何東西，否則會很難清理。你要把蠟紙按在皮膚上，然後快速扯掉，就像扯掉一塊巨型藥水膠布一樣。

線面：美容師把棉線放在皮膚上旋轉移動，以此拔除毛髮。不是每一個美容師都掌握線面技術，其他人更是不可能自己來。

使用脫毛機：你可以買一個家用的小型脫毛機。它開動時會抓住毛髮，把毛髮拔出來。脫毛器的價格和在美容院做一次熱蠟脫毛差不多，但是可以重複使用多年。

優點：	能維持兩周左右，且重新長出來的毛較幼細柔軟。
缺點：	有點痛，有點貴。有時候會導致毛髮堵塞在毛孔裏長不出來，形成紅點和毛髮倒生。

30

我愛脂肪

　　雖然「脂肪」在媒體上的名聲不好，但是你總得有點脂肪（哪怕只是一點點），因為它是生存的必需品。有些女孩的體態開始出現成熟女性的特徵時，體重就會增加。總體來說，脂肪給我帶來的煩惱不算太多。雖然我自覺胃口不小，但是運動量非常大，所以剛開始發現自己長胖時，我還是有一點點困惑，擔心自己哪裏出了問題。其實，變胖並不一定是不健康的，因為你在長高，乳房也在發育，所以體重增加是難免的。你可能會覺得身體有些沉重，而且，如果體重增長得太快，衣服就會突然變得緊繃繃的。別擔心，這一切都意味着你正在成長，將要成為一個女人。別為了大腿變粗而煩惱，脂肪其實也不錯！它能幫你保暖，讓你坐着的時候感覺更舒服。尋找一些舒適而且適合自己的衣服吧！再過一段時

間，你就會適應自己的身材了。

　　有人說：「別讓增磅這回事把你壓垮」。別讓「我太累、太煩悶了」的心態牽絆住你，不要總是拿「月經來了」當作藉口，不要任由自己吃太多朱古力餅乾。這樣做只會令你更不快樂。當然，我們有時需要任性一下，但也要需要堅持做運動，保持肌肉的比例。剛開始的時候，運動是有點麻煩。我剛發胖的時候，非常討厭跑步，不過我還是很喜歡跳彈牀和滾軸溜冰。你可以選擇適合自己的運動項目，比如網球、瑜伽、足球、太極……什麼都可以。與其試圖控制和壓抑自己的身體改變，不如集中心思令自己的身體變得更強壯。

31

拒絕隨波逐流

不要為了

迎合別人，

令自己變得

面目模糊。

——《紐約時報》暢銷書作者
多丁斯基（Dodinsky）

摩擦力太強

　　十二歲那年的夏天，我的身體開始漸漸變得豐滿。突然有一天，我發現走路時大腿內側互相摩擦，我走不到十步，就感覺到大腿的皮膚已經發癢疼痛了！為了避免這種情況，我每天都在校服裏多穿一條棉質單車褲。但是，如果你有念珠菌性陰道炎（參看第198頁），就不能這樣穿了。因為單車褲很緊，讓人容易出汗，會加重陰道炎的症

狀。雖然單車褲有助於減少大腿內側的摩擦，但是在炎炎夏日中，大腿上的汗水會令你的皮膚更加不舒服！如果你也受大腿摩擦的問題困擾，那麼每天早上出門前，你就要好好考慮穿什麼衣服，有時候，你也不得不在乾爽和阻斷皮膚摩擦之間作出取捨。

33

合身褲子難求

　　我愛我的屁股。在我年輕的時候，我的屁股比現在還大，而大屁股是不符合潮流的，瘦骨嶙峋才是王道。但我沒有嫌棄我的屁股，它就像是我的私家坐墊，也是跑步和跳舞時的重要肌肉。唯一使我苦惱的是買不到合身的褲子。如果腿部合適了，腰部就會太鬆；如果腰部合適了，大腿處就會緊繃繃的，勒得我難以活動。我唯一能買到合身褲子的地方，是一家賣二手衣服的慈善商店。那裏有二十世紀五十年代出品的褲子，那個年代流行我這樣的身材，而當時的設計師似乎比較了解女性的曲線。現在流行的那些緊身牛仔褲，我一看就知道自己的腿根本塞不進去，那褲管用來當袖子還差不多！很多褲子的剪裁都是按照潮流而設計，可是大部分人的身材根本無法跟那些褲子配合。無數的女性拼命把自己塞進這些

「布籠子」裏，然後因為自己美麗的身體擠不進那些衣服而自責，太可悲了！

　　至於內褲，說起來真丟臉，我有好幾年的時間，完全擺脫不了內褲夾在股溝的煩惱。每次穿上內褲後走不出三步，它就一定會卡住。我試盡了各種款式的內褲：平腳內褲、燈籠內褲、低腰內褲、鬆身內褲⋯⋯屢試屢卡。結果我要常常上廁所，把內褲盡可能拉低一些，並祈禱它不會在我回到課室之前再往上跑。後來，我開始自己做內褲。我和一個學時裝設計的朋友設計了一種不會卡入股溝的內褲。我們用了好幾個星期反覆試驗，最終設計出不會胡亂移動的完美內褲。你要愛你的屁股，好好照顧它，給它最好的衣着，別去管當下流行什麼了。

34

令人困惑的性事

　　有時候我們會覺得性似乎無處不在——人人都在想它，事事都與它相關。沒錯，假如沒有性，你我根本不會存在。在過去的一百年內，人們對性的態度改變了很多，它從一個禁忌，變成了各種宣傳廣告的萬能噱頭，從止汗劑到意粉廣告，都暗藏着跟性相關的信息。明星海報上有它，電視廣告中也有它，真是叫人摸不着頭腦。為什麼那個女人擺出誘人的表情，手裏卻拿着西芹？她是在推銷榨汁機，還是想表達別的東西？

　　所以，在你有性經驗之前，早就被各種性感的，甚至有性暗示的影像轟炸過了。奇怪的是，無論是榨汁機廣告，還是性感的音樂短片，都沒有傳達性的真正面貌。你所看到的，不過是一種造作的表演，跟現實世界中的性差天共地。儘管電視、廣告中充斥着與性有關的各種資訊，但人

們甚少認真地談論性。沒有人會告訴你，媒體中的性是虛幻的，難怪許多少男少女，會對性懷有不設實際的期望。

對性有興趣，想知道那種感覺，是十分正常的。但是，我還是建議你，等年齡再大一些、思想再成熟一些，找到一個能讓你託付自己的人，再考慮嘗試吧！只要不違反法律的限制（年滿十六歲），什麼時候最適合發生第一次性行為，並沒有標準的答案，前提是你必須成熟到能夠為自己的行為負責，並且有足夠的心理準備承擔相應的後果。沒有人能指揮你何時、何地、以何種方式、跟什麼人發生性關係。要是你想在一個安心、舒適的環境下，探索自己的慾望，可以不用急着找對象，而是先多了解自己的身體和想法。身體是屬於你自己的，只有你才能決定怎麼做。

備註：無論你的抉擇如何，都必須充分了解安全性行為和婚前性行為的資訊。你可瀏覽以下的網站：
衛生署學生健康服務──命運在你手
https://www.studenthealth.gov.hk/tc_chi/
health/health_se/health_se_yfyh.html

我的

初戀

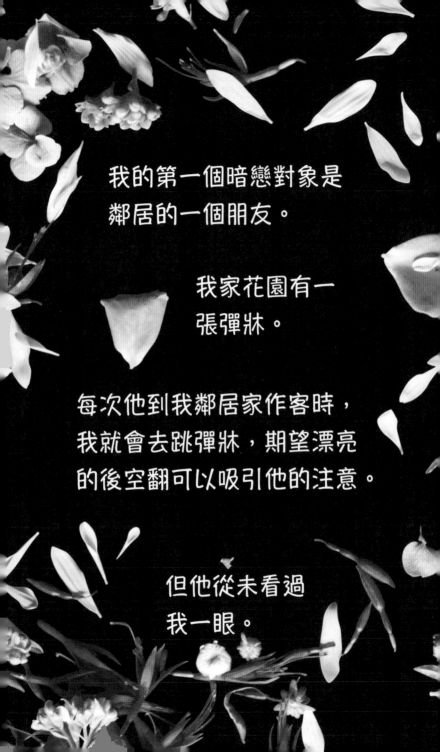

我的第一個暗戀對象是
鄰居的一個朋友。

我家花園有一
張彈牀。

每次他到我鄰居家作客時，
我就會去跳彈牀，期望漂亮
的後空翻可以吸引他的注意。

但他從未看過
我一眼。

大概一年以後，學校讓
我們使用高年級同學的
舊課本，我居然得到了
他的課本。

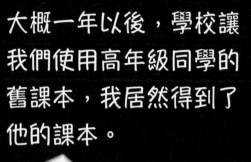

我覺得這是一個
好預兆！

直至有一天，他與我擦肩而
過，身旁有一個女孩。

我的心碎了⋯⋯

我以為自己永遠
不會再戀愛。

情緒如潮水

　　我對月亮有一種癡迷。每當感覺到自己的情緒波動時，我就會去查月曆，我發現這些情況往往都發生在滿月前後。這可不是迷信，月亮確實會對潮汐產生很大影響，而我們身體的65%是水，所以應該也有類似的潮汐變化——有時情緒高漲，有時心情低落。

　　青春期的荷爾蒙變化也會導致情緒波動。有時候，只要有人用奇怪的眼神看了我一眼，我就會從大家熟悉的那個瑪拉娃突然變成另一個人似的，擺出一副「別惹我，小心我一拳把你打暈，讓你到聖誕節都醒不過來！」的表情。

　　當媽媽不停問我「你沒事嗎？要不要喝杯茶？」時，我會咆哮着衝進自己的房間，然後完全不知道自己為什麼大發脾氣。不過，為了不讓人覺得我喜怒無常，我會在接下來的一兩個小時

我愛大家！

內繼續生氣。

　　也許你的大部分朋友也有類似的狀態。上一分鐘還是很冷漠的樣子，下一分鐘就開始吱吱喳喳說人閒話，還向你翻白眼；再過一會兒，他們又跟你稱兄道弟。天哪，繁重的功課已經令你夠忙碌了，但是不花時間陪伴朋友，是不可能的！

　　所以我的建議是什麼呢？那就是善待別人。當然，你會有情緒，但不代表要向所有人發火。回望過去，我真不應該對媽媽咆哮，我應該說：「媽媽，我只是今天心情不太好。我也不知道為什麼。還有，我不喝茶了，謝謝你。」

　　有時候，我知道自己正處於情緒不穩的狀態中，但我會盡力避免向別人發作。體察自己的情緒有一個好處，就是當你的朋友表現得很奇怪時，你會明白他們或許也和你一樣，只是有點情緒波動而已。

36

止痛藥？不了

　　如果可以選擇，誰會想承受痛楚？但是，生活中難免會有各種各樣的疼痛，比如發育期痛（骨頭及關節因發育而產生的痛感）和經痛。有一段時間，我的膝蓋因關節發育而痛得要命，於是媽媽給了我兩個熱水袋，讓我敷在膝蓋上。在學校裏，女孩們只要一感到經痛，就會想去老師那裏要點止痛藥。剛開始的時候，依靠止痛藥來緩解痛楚沒什麼問題，但如果長時間服用止痛藥，那就對身體就不太好了。伸展運動可以代替止痛藥，有助於緩解頭痛、經痛、胃痛和肌肉痠痛。在吃止痛藥之前，不妨先試試我在第166至169頁示範的伸展動作。

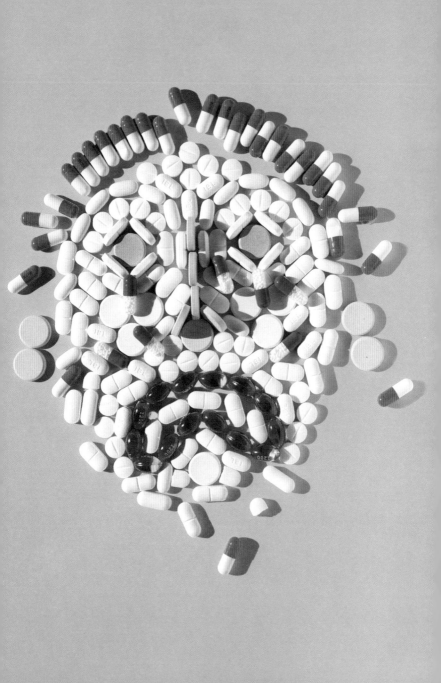

伸展無極限

伸展運動令人很舒服，能促進新鮮的血液流到肌肉，幫助肌肉放鬆。伸展運動可以緩解身體的不適，例如經痛或者頸痛。要是你堅持練習伸展運動，過了一段時間之後，你的身體柔軟度便會增加，動作也會變得更靈活，但是，記得量力而為，覺得痛的時候，就不要再用力拉扯身體了。保持耐性吧！先從一個讓你稍微不舒服的伸展動作開始，然後專注於你的呼吸，在深呼吸的同時，盡量保持伸展的姿態（最好可以維持六十秒）。練習深呼吸是非常關鍵的一步！深深的、有規律的呼吸能讓你真正地放鬆身心。試試吧！

舒展繃緊的頸項

背靠着牆站立，慢慢地垂下頭，直到雙下巴跑出來。深呼吸然後慢慢抬起頭，回到原位。將頭部向左擺，感受頸項右側的伸展，深呼吸然後回到原位。將頭部向右擺，重複上述動作。記得每一次伸展之後，頭部都要回到正中的位置，而不是搖頭晃腦，用頭部來繞圈。

放鬆僵硬的肩膀

長時間看電腦或者打字，會令肩膀變得僵硬。要令肩膀放鬆，你可以嘗試聳肩，將肩膀提升到與耳朵水平的位置，用力收緊肌肉，然後把肩膀放下來放鬆，重複上述動作五至六次。你也可以把雙臂繞圈擺動，這種甩動肩膀的動作也有助於放鬆肩膀。

拯救疼痛的膝蓋

我膝蓋的發育期痛十分嚴重。如果你有同樣的煩惱，可以試着用腳尖站在一個穩固的小台階上，慢慢將腳跟放到地面。你也可以用雙手扶住膝蓋，併攏雙腳，以膝蓋慢慢繞圈。另一個方法是躺下來將雙腿抬高到與身體成一直角，把一邊的腳踝搭在另一邊膝蓋上，再把膝蓋倒向一側，這個動作會讓你很舒服。其實，只要平躺然後用軟墊把雙腿墊高，也有助於血液循環。

告別難受的背部

膝蓋微微彎曲，併攏雙腳，彎下腰，嘗試用手去碰腳趾，這是一個不錯的伸展背部的動作。你也可以維持這個姿勢，輪流屈曲雙膝，伸展你腿部的肌肉。我還有一個十分喜歡的動作：躺下來將雙膝抱在胸前，然後來回滾動。這個動作對緩解經痛非常有效。

應付絞痛的腹部

平躺下來，掌心朝上。雙腿放鬆，腳尖朝外。深深地吸氣，想像自己把空氣吸到肚臍以下，令腹部隆起。不要使用肌肉的力量，而要讓空氣自然地流動。試着做十次深呼吸，如果時間充足的話，你也可以做二十次，這個呼吸練習會令你十分放鬆。

恢復雙手的靈活度

先用力伸展所有手指，保持十至二十秒，再把手指盡量向下彎，指向手腕，伸展手背，然後將雙手放在胸前合掌，做出祈禱的姿勢，保持手腕拼攏，同時盡量抬高手肘，伸展手腕的前方。

擺脫惱人的經痛

「嬰孩式」是眾多緩解經痛的姿勢中，我最喜歡的一個：跪坐在地，坐在腳踝上，吸氣時向上伸展雙臂；呼氣時向前伸展雙臂，再慢慢俯伏下來，直到額頭碰到地板。你可以停留於這個姿勢，但小心別睡着了！這個姿勢令人十分放鬆，並且能有效緩解腹部不適。

伸展腿部和減輕後背的壓力

這個動作既可以伸展腿部，又可以減輕後背的壓力。找一塊柔軟的墊子單膝跪下，臀部向下用力，伸展大腿前側和臀部。維持這個姿勢，深呼吸三次，然後把重心移前，伸展你的腿後腱。

靜思默想

電話、電腦、功課、朋友、家人……有時候會把你的大腦塞得滿滿的。這時,你只需要騰出十至二十分鐘的時間便可重新啟動你的大腦。只要在家中,不論睡房、浴室抑或是其他地方,都可以是讓你放鬆的空間。以下是我的休息大法:

關掉所有東西——不看電話和電腦、不聽音樂……要是你想的話,連燈也可以關掉。這是屬於你的私人時間,你可以坐着,也可以躺下;可以睜開眼,也可以閉上眼,總之找一個令你舒服的姿勢。

現在,專注於你的呼吸,想像內心是一片清澈的藍色天空。你的腦海中會出現各種念頭,把它們當作浮雲,靜靜地等待它們飄過吧!不久你的腦海又會恢復晴空萬里。傾聽自己的呼吸,盡量深呼吸,讓腹部隨着每一次呼吸擴張和放鬆。

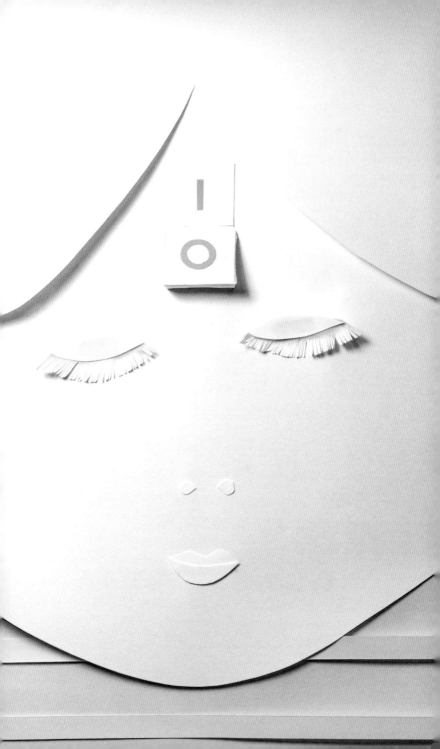

如果你的思想不集中，就以非強迫的方式，提醒自己保持心無雜念，嘗試將注意力放回呼吸上。呼氣的時候，想像你的思緒幻化為一朵雲，而你正在將它推開，以此保持內心澄淨。

實用小貼士

設定鬧鐘

如果你擔心自己不小心睡着，或者不知不覺用了太多時間，可以先設定一個鬧鐘。用鬧鐘提醒自己每天花十分鐘來默想，能夠讓身體習慣默想。剛開始的時候，你也許會常常分心，但是久而久之，你的思想就能自動進入默想狀態。

不要為壓力而焦慮

不要因為無法清空思緒而沮喪。當壓力很大的時候，我也很難令思緒停下來。用紙筆記錄自己在想什麼，是一個很有效的平靜方法，當我把所有憂慮、恐懼及其他想法寫出來，內心便能放鬆，對紙上的事情釋懷，並進入平靜的狀態。

呼吸

默想從呼吸開始，最終也會回歸呼吸。一定要讓自己深深地呼吸，令緊張的身體放鬆下來。

舒服最重要

盡可能讓自己舒服地坐着或者躺着。靜坐的時候很容易覺得冷，所以我會先用毯子或者外套把自己裹起來。每個人都有自己喜歡的姿勢，只要舒服就好。

找個安靜的地方

你絕不會想在有人練習吹號或者切菜的地方默想，嘗試找一個安靜、不容易被打擾的地方。

回歸現實

有時候，默想結束時，你的感官會有點遲鈍，不要着急，給自己一點時間，重新適應四周的光線和聲音。這時候你可能會突然得到一些靈感，或者想起重要的事，所以，你要預先準備好紙和筆。

睡寶寶

除了空氣、食物和水，人類最需要的就是睡眠了。我是指能讓你真正休息的睡眠——那種夢見自己在白雲上歡樂地跳躍，聽到樂隊演奏着悅耳音樂的睡眠。每天定時睡覺和起牀很重要，能夠幫助你建立有規律的生理時鐘。睡眠不足會使你第二天有點不在狀態，覺得諸事不順、煩躁不安。如果你因為記掛某些事情而睡不着覺，把它們寫下來吧。在牀邊準備好紙和筆，把心中的煩惱統統轉移到紙上，內心就會變得平靜，可以向甜美的夢鄉進發！除此以外，你也可以試試伸展運動（見第164頁）、默想（見第170頁），或者在房間內噴點薰衣草噴霧（記得購買成分天然的產品）。

她日日夜夜

為你運轉。

你熟睡時，她也在努力工作。

愛她：

請好好

你的身體。

——洛淪（Loren）．瑪拉娃的朋友

40

節食這回事

　　注意飲食指注意你吃和喝的東西。你的身體需要能量來運作，包括每天至少三餐的健康飲食。如果你非常好動，或者正在發育時期，那麼你還需要三餐以外的茶點。然而，對於某些人來說，注意飲食等於節食——減少身體攝入的能量，以減輕體重。如果你沒有超重（按照醫生的標準），隨意減少身體的能量攝取，是一件很危險的事：你會體力下降、精神無法集中，情緒也變得波動。雖然中學時期的我從未試過節食，但是我的一些朋友會斷斷續續地這樣做。我覺得這種做法既瘋狂又無聊。只要有人開始節食，那麼他們所想所談的，似乎就只剩下食物了。我有一個朋友，她的節食經歷很不尋常。自從她開始節食，就變得越來越瘦。大家都很擔心她，嘗試勸她吃點東西，但她總是說「噢！我剛剛吃過午飯

了。」或者找其他藉口。最終，她得了厭食症，一度瀕臨死亡。她不得不休學，在醫院住了好些日子。她用了很長時間。才令身體回復健康，並戰勝飲食失調的問題。飲食失調的主要病徵是異常的飲食習慣，包括厭食症和暴食症。

造成飲食失調的原因多種多樣，但往往都源於自身的遭遇。有些人缺乏安全感，就會期望通過控制飲食，得到一種「我有權力控制某件事」的感受——雖然這種想法毫無道理。如果你覺得自己或者某個朋友有厭食或吃得太少的問題，你可以找相熟的成年人談談，也可以自己去查資料——互聯網上有很多來自政府部門和醫療機構的建議（不要浪費時間去上討論區，你根本不會找到正確的答案）。飲食失調是可以治療的，而且越早行動，效果越好。

好姐妹

　　只要隨便拿起一本娛樂雜誌，讀一讀裏面關於女性的評論，你就會有一種感覺，我們女孩子最喜歡監察其他女性的腰圍，以及她們的穿搭品味。這種「女性貶低女性」的文化很容易滲透到我們的生活中，成為一種慣性思維，導致大家相互挑剔，令所有人都失去安全感！我們必須意識到這種文化的破壞性，競爭屬於比賽場地，而不應存在於好朋友、好姐妹之間。女孩不應該為難其他女孩，而是應該團結起來，互相扶持。不同人對「女權主義」這個詞語有不同的理解。但我認為作家兼詩人馬婭‧安傑盧解釋得最簡潔：「我是女權主義者。身為女性那麼多年，如果不站在自己這一邊，那就太蠢了。」

團結
令夢想

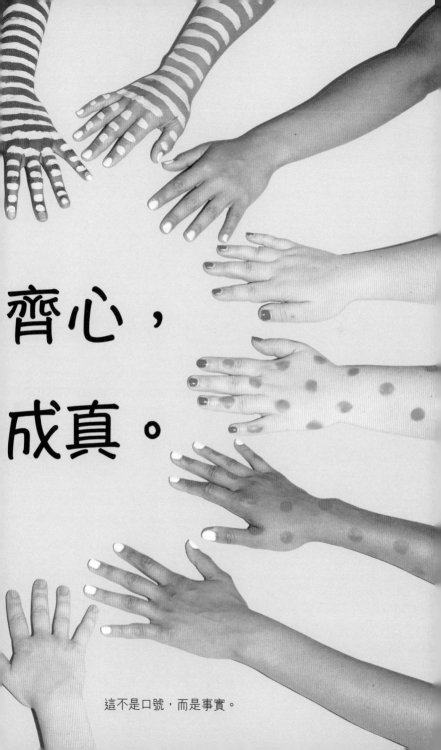

齊心，

成真。

這不是口號，而是事實。

42

拒絕性騷擾

　　進入青春期後，我的身體曲線日漸成熟，人們也開始用不一樣的眼光看我，其中一些陌生男人的猥瑣眼神尤其令我困擾。出於某些原因，有的男人會認為，他可以不把你當人對待，而是把你看作一件陳列出來的展品，可以隨意打量、隨便評價，這讓我感覺很不自在，彷彿是自己無意中做了什麼錯事。事實上，我一點錯也沒有！

　　在我很小的時候──大概八歲左右，有一次在超級市場裏，一個男人從我身邊擠過去時，用力捏了一下我的屁股。我根本來不及反應，只能瞪着他，而他居然若無其事地走開了。當時媽媽和我在一起，但她沒有看見這一幕。我覺得尷尬極了，不知道該怎麼說，所以我什麼也沒告訴媽媽。後來我才逐漸明白，遇到這種事，一定要大膽地說出來。二十多年來，我在腦海中反覆重演

了那一幕，想像了各種痛揍他的畫面。如今我已經比當年自信多了，要是再發生類似的事情，我一定會大膽地說出來，也會求助於他人。然而，說出這些遭遇確實不容易，因為當事人可能只想事情快一點過去，而一旦引起了其他人的注意，那種難受的感覺就會延長，或者令別人覺得是你做錯了。事實上，這絕對不是你的錯。

遇上性騷擾等冒犯行為，在安全的情況下一定要立刻行動！不要示弱，要勇敢地公開這些惡行。如果你覺得當時採取行動會有危險，那麼事後也一定要盡快把事情告訴你信任的人，我敢保證，說出來會使你好受一些。

便便意外

有一次，我在上課期間想大便，而附近的洗手間裏只有一個廁格。每當遇上這種情況時，我都會有些慌張，因為我不想讓別人知道我要大便，所以總是假裝小便。為了避免氣味四溢，我會快速沖水，或者噴上一點點空氣清新劑（如果噴得太多，反而會欲蓋彌彰）。最後也是最重要的

一步，就是檢查大便是否沖得乾乾淨淨。

那天我飛快地跑到洗手間（這樣可以快點回來，讓別人以為我只是小便），出色地完成了任務。我的大便非常完美，就是教科書上那種筆直的、完整的模範大便。我很高興，因為這次大便的時間恰到好處，我可以在不引起任何人懷疑的情況下趕回課室。

我按下沖水按鈕，站在一旁看着，準備跟完美的大便說再見……

可是，除了有些水流進馬桶裏，什麼都沒發生。天啊，沖不掉！我的心跳加快了。好吧，

多用一點水也許有用。我再次按下沖水按鈕，並且按住不放。隨着越來越多的水流進馬桶，我的大便慢慢地浮起來。我驚恐萬分，趕快鬆開按鈕，但馬桶裏的水平線還是繼續上升。不一會兒，馬桶裏便盛滿了水，大便漂浮在水面上，似乎在對我微笑。

天哪！

別忘了這個洗手間只有一個廁格，下一個進來的人一定會知道是我。我不敢冒險再沖一次水，那樣水一定會溢出來。唯一的選擇是把大便處理掉。

我環顧四周，看看能有什麼辦法。空氣清新劑？噴一噴，就能令大便溶解嗎？我能直接用手把大便塞進下水道嗎？或者用廁紙筒把它撈起來？

塑膠袋……對了，雜物箱裏有一個塑膠袋，可以拿來用。我拿到了塑膠袋，然後呢？把大便放進袋子？接下來呢？ 我不能把它放回雜物箱，當然也不能把它帶回課室……對了，那個用來丟棄衛生巾的垃圾箱，就這麼辦吧！先用塑膠袋把

大便撈起來，還要綁緊袋口避免臭味散出來，然後將它扔進垃圾箱。我用塑膠袋把兩隻手包了起來，然後伸進馬桶將大便撈起！馬桶裏仍然裝滿了水，但我顧不了那麼多了。我的「特殊包裹」被處理得完全不留痕跡。我洗手洗了不下二十遍，又噴了點空氣清新劑，然後逃回課室。

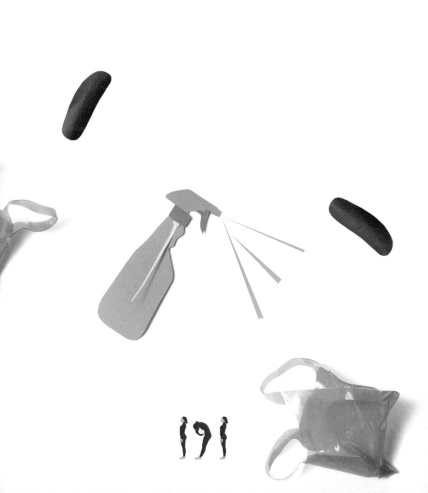

44

男男女女

　　小時候，我家的男孩比我更喜歡穿裙子——我的家人沒有大驚小怪，反正只是小孩子玩玩而已。而我卻覺得中性打扮十分有型，看起來又堅強又充滿力量，我就是想成為一個這樣的人，所以，我常常穿得像個男孩。

　　每個人都是與眾不同的，這世界上有許多人並不符合其他人對他們的期望，但他們只想做自己。只要不傷害他人，按照自己的意願過日子，是無可厚非的。去穿你想穿的衣服，做你想做的事情（除了非法的事情），愛你想愛的人吧！

　　在成長的路上，你看過的電影和電視節目，還有你讀過的小說，多多少少都會談及愛情，而且幾乎都是一個男孩愛上一個女孩，或者一個女孩愛上一個男孩。現實世界是很複雜的。幸運的是，你身處的這個時代，不同形式的戀愛都已得

到更多包容。跟以往相比，我們擁有更多自由，去成為自己想要成為的人。所以，無論朋友怎麼說、父母對你有什麼期望，或者你對自己有什麼期望，也不要把自己偽裝成另一種人。不要給自己壓力，你有充足的時間去發現自我，而這個過程也充滿樂趣。

45

我有我風格

「潮流」與「風格」是兩件完全不同的事。一旦你理解了兩者的區別，就會感覺自由得多。你可以在商店櫥窗，或是從街上打扮一式一樣的女孩身上看到潮流的走向。潮流總是在變，不久前的新到貨物，忽然就要半價出售。然而，風格是不會過時的，你喜歡的、適合你的衣服，就是你的風格。

潮流很有趣，但它轉瞬即逝，只能帶給你短暫的滿足。不斷追趕時尚，不單會花錢如流水，還會徒增煩惱，因為你要不停地購買新衣服，這樣才能跟上潮流，而這些衣服，幾個星期或者幾個月之後你就不肯再穿了。告訴你一個竅門：把適合自己的衣服與正在流行的衣服混搭起來，就能逐漸找到自己真正的風格。風格可以伴你一生，只跟隨你的心情而改變。

你可以通過各種途徑為自己的風格尋找靈感——照片、雜誌、互聯網、二手商店以及各種各樣的小店，它們都能為你的裝扮提供好主意。你可以先在安全的地方（比如自己的睡房）試一試新裝，然後再展示給大家看。有人找到了自己喜歡的風格，就終生不變，也有些人總是希望嘗試把不同服裝、髮型和飾物配搭起來。偶爾和朋友們打扮成同樣的風格，會讓你對羣體產生歸屬感。你的風格，就像你的胸圍尺寸一樣，可能會隨時間的推移而改變。不同時期的我也有不同風格：非洲風、哥德風、狂野風、嘻哈風……當你找到自己熱愛的風格時，你會覺得非常自在和有自信，這種感覺也會讓你更加容光煥發。自信永遠都是你的最佳造型。人人都只能活一次，放膽去嘗試各種打扮吧！

念珠菌來襲

「呀！我的內褲好像着火了！真想一屁股坐進一碗巨形乳酪裏面！」

念珠菌是一種真菌，常見於女性的陰道中，在一般情況下並不會使我們生病。但是，當你陰道中的念珠菌大量繁殖時，你的身體就會出現一連串非常惱人的症狀，這就是念珠菌性陰道炎。

念珠菌為什麼會瘋狂繁殖呢？壓力太大、褲子太緊、飲食變化、月經時的荷爾蒙變化，還有在月經末期，陰道已經變得乾燥時使用衛生棉條……所有這些因素都可能導致念珠菌過量繁殖，引發念珠菌性陰道炎。

大部分得了念珠菌性陰道炎的人，都會出現以下一種或者幾種症狀：陰道流出像茅屋芝士一樣的白帶，陰部發紅和腫脹。不過，念珠菌性陰道炎不會持續太長時間，而且通常治療起來並不

困難。幾乎所有女性都會在人生中感染念珠菌性陰道炎。有些人只會感染一次，另一些人則會多次感染，例如我。多年來，念珠菌性陰道炎反覆發作，令我快瘋了。我嘗試過各種各樣的方法，卻始終無法根治，真是非常煩惱。不過，我也因此積累了很多對付陰道炎的心得，可以供你參考。

不要擔心！念珠菌性陰道炎很常見，幾乎所有女性都會遇上。不過……

一定要看醫生，尤其是當你第一次遇到這種問題時，一定要讓醫生診斷你的病情。

不要穿那種閃亮的人造纖維內褲。這類衣服不透氣，也不利於散熱，會令你的陰部成為適合細菌生長的環境。

清潔、舒服的棉質內褲，可以讓皮膚通暢地呼吸。如果你患有濕疹，也可以穿適合過敏人士的絲質內褲。

不要使用帶香味的肥皂，也不要用濕紙巾擦拭陰部，以免刺激皮膚。還有，絕對不要使用任何陰部除臭劑！

要保持陰部清潔。每天用清水從前往後清洗陰部。

你當然不可能坐進一大碗乳酪裏，不過吃點乳酪的確會舒服一些，起碼你會有一絲清涼的感覺。

向醫生求助，請他們為你處方一點口服藥，或者外用藥膏。

47

小便灼痛

　　小時候，有一次我光着身子在田野奔跑，結果有一根小小的、稻草之類的東西刺進了我的尿道。當時我根本沒有察覺，直到小便的時候，才感覺到一種火燒般的痛楚。為此，我整整兩天不肯上廁所，直到媽媽帶我去看醫生，讓醫生把那個東西取了出來。長大之後，我得過泌尿道感染，那種灼熱的感覺跟小時候遭遇的痛楚一樣。泌尿道感染的成因是細菌進入了尿道，我們之所以要從前往後清潔陰部，就是為了避免將肛門的細菌帶到陰道或尿道。除了清潔不當，泌尿道感染也有可能由牛仔褲太緊、穿非棉質內褲，以及身體脫水等而引起。如果你得了泌尿道感染，小便時灼痛甚至帶血等徵狀，可能會使你抗拒小便，也不想喝水。但是，多喝水、多小便，才有助於減輕炎症。如果情況嚴重，你就可能要去看醫生，吃抗生素了。☹

自制才是自由

在毒品的引誘面前，意志堅定地說「不！」，沒有其他選擇。也許你覺得這些都是老生常談，但是，我就是這麼沒創意，對毒品永遠只有一個答案：「不！沒興趣！」。我的身體只能由自己作主，不可以受這些東西控制。當我的朋友開始吸煙或濫用藥物的時候，我看到毒品令他們沒精打采，行為古古怪怪，使我對毒品更加退避三舍。有些人因為好奇或者受毒品所帶來的感官刺激所吸引，而做出錯誤的決

定，但是你絕對不需要跟從。毒品會對你的精神和身體健康造成極其嚴重的傷害，所以，如果你想愛護自己，就不要因為任何人的壓力而做一些自己不願意的事。雖然說來容易，做起來很難，但是你一定要提前想好自己的立場，並且堅持到底。如果有人因此而指責你，使你難受，要記住那是他們的錯，這樣的人並不是你真正的朋友。當我堅持拒絕了大概二十次之後，我的朋友終於學會尊重我的決定。

最後的建議

我還有很多事想告訴你，但是一本書的篇幅有限。所以，我把其他各種小建議都列出來了：

試試那種內置衛生巾的月經內褲吧！真得很好用！只要在網上搜尋一下，就可以找到很多相關的牌子。

———

給未來的自己寫一封信。你可以寫給十六歲或者二十一歲的自己，寫寫你認為自己到了那個年齡時會做的事。等到將來你拆信，回顧自己的變化時，那種感覺十分奇妙！

———

跟着我的食譜，做幾顆能量球：把椰棗、椰子、可可粉和小紅莓用攪拌器拌勻，然後把混合物捏成小球，再蘸上椰絲。能量球做法十分簡單，味道出色，而且會讓你充滿能量。趁周末做好一些放冰箱，就夠享用一星期了。

———

推薦你看看美國芭蕾舞劇團的獨舞演員米斯蒂·科普蘭（Misty Danielle Copeland）的故事。她的經歷非比尋常，會給你很多啟發。

每隔一段時間就更換護髮素，不要一直用同一個牌子。我每隔幾個月會換一次護髮素，這令我的頭髮狀態更好。

不要做低頭族。當你抬頭仰望，便可能會發現一些驚喜，比如一棟美麗的建築或一棵雄偉的樹木，也許我們天天經過這些事物，卻從未留意過身旁漂亮的風景。

對鏡子中的自己微笑。以前瑜伽老師常常要求我們這樣做，雖然我覺得十分尷尬，但還是照做了，沒想到對鏡微笑會令我心情愉快（不過也有可能是因為瑜伽課即將結束，我可以去吃牛角包了！）。

沒有金屬裝飾的束髮帶對頭髮更好，不容易令頭髮折斷。

多迪·史密斯（Dodie Smith）的小說《我的秘密城堡》十分好看，不妨一讀！

多喝水有利於把體內的有害物質排出體外。通常我起牀後會先喝兩杯水。

用牛油果加檸檬，或薄切番茄配忌廉芝士放在多士上吃。

快速地看看某人的臉，然後不要抬頭，一筆把他畫下來，你可能會創作出一幅傑作！

給朋友寫明信片，收到的人肯定會十分開心。

THE
EFFEC
WAY TO
IS TO

最有效的
就是馬上

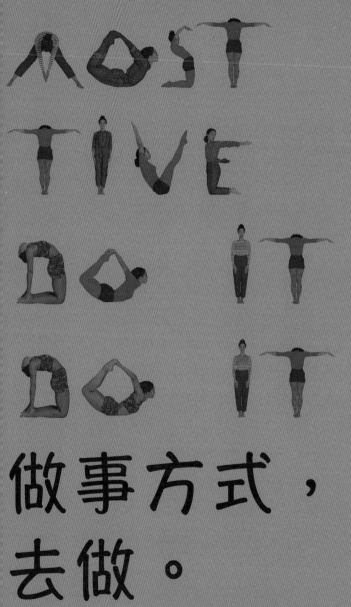

做事方式，
去做。

——美國女飛行員、女權運動者
艾美麗雅·埃爾哈特（Amelia Earhart）

女孩們，勇敢地出發吧！

多糟糕的事情都會過去，一定會。

成長路上驚險處處，你會遇上許多不熟悉、未試過，也無法預知的事情。但是，凡事都有第一次，這是無法避免的。你我都想每件事做第一次就成功，但是這種情況不會經常發生。你努力想避免月經漏出，想遠離喜怒無常的朋友，想減少攝取糖分，但是大多數時候都以失敗告終。你跟全世界所有女人一樣，會面對月經突然到來、被難纏的朋友弄得快要發瘋，也會因一時貪吃攝取太多的糖分。但是不要緊！相信我，所有女孩都遇過這些事，也一一熬過來。即使發生什麼極之尷尬的事，令你當時覺得天要塌下來，其實也沒什麼大不了。我保證，那些尷尬的瞬間終將成為有趣的回憶。

我也有過彷彿世界末日降臨的時刻，然而那

不過是霎時的感覺。宇宙那麼大！世界那麼人！還有許多好玩的事情等着我們嘗試呢！寫一張長長的清單，把大大小小的夢想都記下來，包括那些你覺得不可能實現的夢想。有很多事我想做，但不好意思說出口，不過我還是會默默努力，將夢想變成現實。請相信自己！你就是自己最好的朋友。鞭策自己，就一定能到達目的地。

我記得小時候爸爸常常對我說：「要令這個世界因為我們而變得更好。」無論你在做什麼，也請把這個念頭放在心中。我從不敢忘記爸爸的話，也時常撫心自問：「我現在做的事情有沒有意義？」不是說你要立刻放下一切去做義工。不過，如果做義工正是你的夢想，那就太好了！有意義的事可以是簡單的小事，例如幫助朋友和家人、好好照顧自己、不要給別人增加麻煩，以及成為一個強大可靠的人。

未來的世界是屬於你的！去創造奇跡吧！我在這本書裏所寫的每一件事，都是我像你這麼大的時候想知道的事。我希望這本書能給你一些好建議，幫助你在身體急速變化時更加了解自己。

不過，主導權在你手上，你可以聽從這些建議，也可以置之不理，或者反覆驗證……你想怎樣都可以！你的身體是百分百屬於你的，「她」是最棒的，你也是啊！

　　小女孩，勇敢地面對吧！
　　在地球某處見！

　　　　　　　　　　　　　愛你們的瑪拉娃

作者瑪拉娃的話

謝謝你，史黛拉！謝謝你給了我無數令人愉快的建議和鼓舞人心的郵件。我原以為編輯工作就像看牙醫一樣艱難，但你把這個過程變得像溜冰一樣舒暢。還有你，辛南！你是一個傳奇，沒有人比得上你。當瑞秋第一次拿你的作品給我看時，我就知道，這本書的插圖師非你莫屬。謝謝你借出自己的淋來拍攝那張有無數氣球的照片，謝謝你為這本書的視覺元素跟各方完善地溝通。喬·杜克，我永遠愛你。你知道的，你無可替代。

瑪約斯、蘿莎、馬茲、瑞秋、克萊兒，還有奧比，謝謝你們為這本書所做的一切！因為你們的郵件和不斷的鼓勵，這本書才能面世。最後我要感謝我的媽媽。她就是真人版的「女孩指南」，在我成長的過程中，不斷給我安慰、支持，以及很多有關健康的建議。我不知道自己為何如此幸運，擁有世界上最棒的媽媽。謝謝你，是你讓我始終相信，凡事皆有可能。

繪者辛南的話

獻給泰仁和尼斯，你們是我見過最鼓舞人心、最無私的女性。桑雅，你是一個非常堅強的女孩，外表和內心一樣美麗。桑瑪，你永遠面帶微笑，就像一縷陽光。露西婭和威洛，這是給你們的十歲生日禮物。珍瑪想到了用紙來代替毛髮的主意。洛拉永遠都支持女孩。馬德琳用自己的幽默感幫助我度過在女校的生涯。艾拉可能會覺得這本書的某些章節特別好笑。瑞秋是我們的出版人；史黛拉是非常能幹的編輯。沒有她們堅定不移的付出和毅力，就不會有這本書。

基斯協助我完成了書中的很多紙藝模型。喬採納了我的想法，她為瑪拉娃拍攝的那些照片，將我的草圖變成了現實。當然，還有瑪拉娃！她是一顆閃耀的明星，永遠精力充沛，和她一起工作真是愉快極了！

本書製作花絮

瑪拉娃和辛南在倫敦相識，當天她們一起吃早餐。

瑪拉娃用了兩分二十六秒才完成第120頁上的迷宮。

拍攝第150-151頁那張照片時，瑪拉娃和The Majorettes的女孩只穿了襪褲，沒有穿內褲。辛南親手把照片染成了一幅夕陽圖。

第142頁上的啫喱，做了五次才成功。

拍攝第22頁的照片時，瑪拉娃的臉上一共貼上七十二隻假眼睛，其中一隻塞在她的鼻孔裏。好嘔心！

總綵排是在瑪拉娃的浴室和呼啦圈教室完成的。

第16至17頁的紙胸圍都是按真人尺

辛南和瑪拉娃在倫敦不同的餐廳討論這本書的內容安排，包括介紹陰部的部分。

在倫敦的俄羅斯俱樂部拍攝時，瑪拉娃打碎了一面全身鏡。

這本書做到一半的時候，瑪拉娃剃光了頭，於是我們決定仿照她十歲時的照片，重新為她拍攝一張照片放在第7頁。

辛南為了嘗試第174頁那個飄浮動作而摔了一跤，手臂也瘀傷了。幸好瑪拉娃毫髮未傷，因為她受過專業的馬戲表演訓練。

辛南要求瑪拉娃連續兩周每天練習用身體模仿各種字母。後來，這些動作成了瑪拉娃每天早晨的常規瑜伽練習。

辛南用了近三十米長的紙、兩卷電線膠布、兩卷紙膠帶、兩卷雙面膠紙、三卷黏貼膠墊、若干膠水、大約四米長的卡紙製作本書的紙模型。過程中，她共喝了二百四十杯咖啡。

第65頁上的毛髮是用閃光紙做的。

瑪拉娃在一天之內模仿了一百五十六個字母和三十個數字。

瑪拉娃等的士時，放置第11頁那些大眼球的盒子被風吹開了。她跑了好長一段路才把這些辛南花了五個小時製作的大眼球追回來。直到拍攝結束後，瑪拉娃才把這件事告訴大家。

寸做的，但穿起來不怎麼舒服。

第199頁的乳酪是用聚氯乙烯（PVC）製成的。

為了拍攝第35頁的照片，辛南在睡房擺滿了氣球，當天晚上她根本沒法睡在自己的牀上。

製作這本書期間，瑪拉娃去了英國、美國、法國、墨西哥、西班牙、古巴和夏威夷。大部分會議都是用電郵召開的。

第207頁的薄餅和糖漿其實是海綿和清潔劑。

製作本書期間，瑪拉娃打破了四項世界紀錄！

第52至53頁那些紙陰部都是A4紙大小的。拍攝完成後，到處都是紙製毛髮，好幾天都沒清理乾淨。

在準備拍攝第21頁的照片時，辛南打了個噴嚏，把紙片吹亂了，反而令它們分佈得更加好看。

女孩指南——動感青春期 50 課

作　　者：瑪拉娃·易卜拉欣（Marawa Ibrahim）
插　　圖：辛南·俄卡斯（Sinem Erkas）
翻　　譯：鍾煜
責任編輯：鄭幗明
美術設計：陳雅琳
出　　版：山邊出版社有限公司
　　　　　香港英皇道 499 號北角工業大廈 18 樓
　　　　　電話：(852) 2138 7998
　　　　　傳真：(852) 2597 4003
　　　　　網址：http://www.sunya.com.hk
　　　　　電郵：marketing@sunya.com.hk
發　　行：香港聯合書刊物流有限公司
　　　　　香港新界大埔汀麗路 36 號中華商務印刷大廈 3 字樓
　　　　　電話：(852) 2150 2100
　　　　　傳真：(852) 2407 3062
　　　　　電郵：info@suplogistics.com.hk
印　　刷：中華商務彩色印刷有限公司
　　　　　香港新界大埔汀麗路 36 號
版　　次：二〇一九年十一月初版

Text copyright © Marawa Ibrahim 2017
Illustrations copyright © Sinem Erkas 2017

First published in the UK in 2017 by Frances Lincoln Children's Books, an imprint of The Quarto Group
The Old Brewery, 6 Blundell Street, London N7 9BH
QuartoKnows.com

ISBN: 978-962-923-483-6
Traditional Chinese Edition © 2019 SUNBEAM Publications (HK)Ltd
18/F, North Point Industrial Building, 499 King's Road, Hong Kong
Published in Hong Kong.